本书获得

教育部人文社会科学项目（批准号：12YJC630089）支持

国家自然科学基金面上项目（批准号：71472170）支持

科技部软科学计划项目（批准号：2014GXQ4D186）支持

虚拟团队效能的形成机制

|信息化与全球化挑战|

李杰义 / 著

**XUNI TUANDUI XIAONENG
DE XINGCHENG JIZHI**

XINXIHUA YU QUANQIUHUA TIAOZHAN

中 国 财 经 出 版 传 媒 集 团

经济科学出版社

Economic Science Press

图书在版编目（CIP）数据

虚拟团队效能的形成机制：信息化与全球化挑战/李杰义著．

—北京：经济科学出版社，2016.11

ISBN 978 - 7 - 5141 - 7477 - 9

Ⅰ．①虚…　Ⅱ．①李…　Ⅲ．①虚拟公司－组织管理学

Ⅳ．①F276.6

中国版本图书馆 CIP 数据核字（2016）第 280297 号

责任编辑：李　雪
责任校对：隗立娜
责任印制：邱　天

虚拟团队效能的形成机制：信息化与全球化挑战

李杰义　著

经济科学出版社出版、发行　新华书店经销

社址：北京市海淀区阜成路甲 28 号　邮编：100142

总编部电话：010 - 88191217　发行部电话：010 - 88191522

网址：www. esp. com. cn

电子邮件：esp@ esp. com. cn

天猫网店：经济科学出版社旗舰店

网址：http：//jjkxcbs. tmall. com

北京汉德鼎印刷有限公司印刷

三河市华玉装订厂装订

710 × 1000　16 开　14 印张　220000 字

2016 年 11 月第 1 版　2016 年 11 月第 1 次印刷

ISBN 978 - 7 - 5141 - 7477 - 9　定价：42.00 元

前　　言

这是一个全球化和信息化的好时代，基于"互联网＋"与"走出去"的中国企业管理创新已风起云涌，并俨然成为一股强有力的发展潮流。信息技术的快速发展不仅使人们生活比以往更加便利，新的组织形态、管理方式、领导方式以及团队形态也伴随着这一趋势而不断进化。快速的技术进步造就了一种在任何时间、任何地点可以工作的新的组织形式：虚拟团队。虚拟团队从实质上转变了组织架构和运作形式，虚化了组织边界，尽可能地将组织内外资源进行整合，以最快速度适应环境的挑战。信息技术也加快了经济全球化的趋势，企业规模与营运范围的逐渐扩张，国界及时差逐渐消失，区域性的虚拟团队进一步进化为全球虚拟团队。21 世纪前，虚拟团队还只是科幻小说的情节，而今虚拟团队已成为信息化和全球化时代最基本的组织工作单位和广为接受的组织形式之一。

然而，虚拟团队与传统团队的最大差异在于，虚拟团队是利用计算机媒介技术来辅助成员间相互合作，跨越时空的限制共同完成任务，这为虚拟团队的效能管理提出了挑战。例如，虽然虚拟团队具有短暂的即时互信效果，但不一定能建立互信感；虚拟团队缺乏实体的亲密性以及面对面互动，使得信任的发展以及维持的困难程度增加；虚拟团队的沟通必须依赖信息或网络科技，可能因为团队内的信息流动较少，因而团队成员也较难通过信息共享以达成共识。换言之，与传统的面对面团队相比，虚拟团队在决策接受度、有效性、电子沟通、隐性知识整合、团队承诺、凝聚力等方面都将面临更大的挑战。此外，全球虚拟团队还可能存在语言沟通、跨文化距离等方面所造成的跨文化冲击问题。

由此可见，虚拟团队效能形成机制的研究是一项具有发展前景的研究课题。不过，作为组织行为学的一个新兴的研究课题，现有研究对于如何从机制与策略等方面破解信息技术对虚拟团队效能所造成障碍方面的理论问题，并没有得到深入的分析，仍然存在大量悬而未决的科学问题。基于此，本书试图关注如下科学问题：社会资本对知识整合与虚拟团队效能的作用机理如何？虚拟团队社会资本存在怎样的维度与结构？知识整合与虚拟团队效能之间存在怎样的联系？怎样提升虚拟团队效能？其中，社会资本对知识整合与虚拟团队效能的作用机理是问题的核心；虚拟团队社会资本的维度与结构是核心问题的前提；知识整合与虚拟团队效能的联系是核心问题的延伸；虚拟团队效能的提升模式及策略是核心问题的应用。

本书依据"理论回顾→理论建构→实证研究→系统研究→实践应用"这一标准的研究范式，运用虚拟团队、社会资本、团队管理、人力资源以及知识管理等研究成果，通过对长三角地区的企业及虚拟团队，开展问卷调查与实证研究，遵循定性与定量相结合、系统研究与重点研究相结合、理论研究与实证分析相结合的研究思路，揭示虚拟团队效能的影响因素、形成机制和提升模式，从而为虚拟团队效能管理提供决策参考。全书共十章，每一章内容都主要包括问题提出、文献回顾、实证分析或理论拓展、研究小结以及管理启示。书中涵盖了有助于提升虚拟团队效能的内容，包括：虚拟团队面临的新挑战、虚拟团队效能机制的理论基础、虚拟团队绩效的形成机制、互联网情境下中层管理者胜任力模型以及提升虚拟团队效能的管理建议与策略选择等。

　　具体而言，本书主要包括如下五个方面的内容：（1）基于电子沟通和中国文化情境，实证检验了虚拟团队社会资本、知识整合与虚拟团队创新绩效的关系。研究结果表明，社会资本的结构维、关系维和认知维三个维度均正向影响虚拟团队的创新绩效，社会资本结构维和认知维均正向影响虚拟团队知识整合，在中国文化情境下的关系维也正向影响虚拟团队知识整合，但在电子沟通情境下关系维对虚拟团队知识整合不具有显著的影响。总体而言，社会资本对虚拟团队异质性的知识整合具有一定的促进作用，知识整合对虚拟团队创新绩效具有显著的正向影响，而且知识整合在社会资本对创新绩效影响中具有中介作用。（2）基于社会资本理论和供应链管理理论，实证检验了环境动态性、供应链关系资本与合作绩效之间的关系，研究结果显示，供应链关系资本是一个包含联结强度、网络中心性、信任程度和信息共享四个维度的多维度构念，供应链关系资本的四个维度对合作绩效均呈显著关系，而且随着环境动态性的增强，供应链关系资本对供应链合作绩效的正向影响作用越强。（3）运用行为事件法访谈和问卷调查等研究方法，对样本数据进行信度分析、探索性因子分析与验证性因子分析，构建出了适用于互联网情境的中层管理者胜任力模型。研究结果表明，该模型包括电子化领导、社会资本发展、任务过程管理和个人特质四个维度和20个具体的胜任力特征，从而能够更好地指导互联网企业及虚拟团队的人力资源管理实践。（4）整合团队管理理论与行为过程理论，对实证研究结论进行拓展，提出包括投入因素、社会资本过程、任务过程以及效能四个方面的虚拟团队效能提升机制模型。研究结果显示，投入因素是提升虚拟团队效能的基础和前提，社会资本过程与任务过程分别对虚拟团队效能产生直接的影响，社会资本过程与任务过程具有内在的互动关系，而且只有二者协同发挥作用，才能对虚拟团队效能产生最佳的影响效果。（5）综合上述理论与实证研究结果，聚焦于虚拟团队效能提升模型的社会资本过程和任务过程，提出虚拟团队效能管理的策略选择。研究发现，虚拟团队的初期信任遵循的是脆弱的迅捷信任模式，跨文化冲击是决定全球虚拟团队成功运营与否的一股看不见的力量，促进虚拟团队沟通的重点在于如何提供或创造良好的技术工具来辅助并为团队带来有效的成果。因此，虚拟团队领导者应更具敏锐的用心和同理心、更具沟通效能和更具明确的领导角色，以及建立和维持适当的社会气候。

本书的理论贡献在于：对虚拟团队的社会资本进行了研究，在此基础上，实证检验了电子沟通和中国文化情境下虚拟团队社会资本、知识整合与虚拟团队创新绩效之间的关系，提出了包括投入因素、社会资本过程、任务过程以及效能四个方面的虚拟团队效能提升机制模型。研究成果有助于推进了团队社会资本研究的理论发展，为研究虚拟团队社会资本、知识整合及其对创新绩效的内生作用和创新绩效形成过程提供了新的理论视角和实证素材，对于后续有关社会资本过程与任务过程具有内在互动关系的研究也具有一定的借鉴价值与推进作用。尽管本书得到了一些有意义的结论，但仍存在诸多局限性。例如，未将虚拟团队与传统团队进行更彻底的对比分析，实证分析缺乏纵贯样本数据以及案例研究法、实验研究法、行动研究方法或是观察研究法的支撑，虚拟团队效能提升机制模型研究仍有待进一步深化与实证检验等。本书的局限性为本领域的未来研究提供了研究空间，也期望能为未来的研究提供需要有所突破的方向。

本书是集体智慧的结晶。在研究和撰写过程中，得到了浙江大学管理学院王重鸣教授的指导与支持，在此表示由衷的感谢！硕士李婷、谷晗和马宽分别参与了第四章、第五章和第七章的调查分析，周丹丹、周倩、曹金霞和刘裕琴等硕士研究生都是我学术工作的得力助手，在此一并表示谢意。本书的顺利出版得益于教育部人文社会科学项目（批准号：12YJC630089）、国家自然科学基金面上项目（批准号：71472170）和科技部软科学计划项目（批准号：2014GXQ4D186）的支持，也得益于经济科学出版社的诸位老师，特别是李雪老师，她为本书的质量倾注了大量的时间和精力，在此深表感谢！由衷地感谢一直给予我支持的浙江师范大学经济与管理学院、人事处、科学研究院、研究生院的领导，深深地感谢浙江省科技厅人事处、台湾暨南国际大学国际企业管理系的领导给予的关心和指导。在这个全球化和信息化的好时代，需要我们扎根于企业管理实践的热潮中去审视、去探索，从而凝练出新的科学问题，并运用科学的研究方法加以验证和研究。"衣带渐宽终不悔，为伊消得人憔悴"，本书是我多年人力资源管理与组织行为学研究的一个阶段性总结，也为我今后的学术研究拓展了一片新的领域。我们的相关研究还在继续，希望本书能够时刻提醒和勉励我在今后学术研究中更加认真踏实、勤奋坚韧。

李杰义

2016 年 8 月 28 日

目　　录

第一章

绪　　论

第一节　研究背景

一、虚拟团队成为信息化与全球化时代的重要组织形式

电子通信、互联网、云计算和大数据等信息技术的快速进步，不仅使人类生活比以往更加便利，也赋予了人类前所未有的远距离共事能力。与此同时，信息技术日益渗透到组织的运营之中，新的组织形态、管理方式、领导方式以及团队形态也伴随着这一趋势而不断进化。为了完成某一特定的工作任务，分散于各地、跨越不同区域的成员组成虚拟团队（virtual team，VT），虚拟团队成员之间的互动、沟通与协调方式由传统面对面（face-to-face）的方式，逐渐转变为通过计算机媒介沟通平台（computer mediated communicationplatform）、群体决策支持系统（group decision supporting system，GDSS）、创造力支持系统（creativity support systems，CSS）或知识管理系统（knowledge management system，KMS）等计算机媒介技术来辅助成员之间的相互合作（computer supported cooperative works）

的方式进行（Powell，Piccoli & Ives，2004）。电子化联系特别是新的数字媒介带来的冲击，成为驱动虚拟团队变革的主要动力（Lipnack & Stamps，1997）。虚拟团队正是通过这些计算机媒介技术将不同地理位置、不同组织、不同文化的员工整合在一起来完成特定工作任务的团队（Griffith & Sawyer，2003；Henderson & Clark，1990）。

21世纪前，虚拟团队还只是科幻小说的情节，但是在信息技术、全球化经济不断发展，运作速度越来越快和竞争越来越激烈的今天，企业必须提升其反应速度以回应客户需求与解决问题。快速的科技进步造就了一种可以在任何时间、任何地点进行工作的新的组织形态：虚拟团队（Cascio & Shurygailo，2003），在遥远的两端，人们通过虚拟团队超越距离、时差和组织的障碍来完成共同的组织使命（Lipnack & Stamps，1997）。虚拟团队从实质上转变了组织架构和运作形式，虚化了组织边界，尽可能地将组织内外资源进行整合，从而以最快的速度去适应环境的改变。虚拟团队以弹性的、热诚的、降低成本及更有效的方式，提供了组织充分利用资源的机会，并使得组织能在竞争激烈的商业环境中胜出（Mowshowitz，1997），单一或多位领导者被置身于单一或数个网络以形成虚拟团队（Cascio & Shurygailo，2003）。虚拟团队也因此成为知识经济条件下组织变革的趋势和信息时代的基本组织工作单位（Lipnack & Stamps，1997）。

信息技术也加快了组织购并、联盟、竞争、裁员以及经济全球化的进程（Lurey & Raisinghani，2001），企业规模与营运范围的不断扩张，国界及时差逐渐消失，使得虚拟团队业已成为当今跨国企业必要的工作方式之一。在全球化与信息化的互动作用下，区域性的虚拟团队进一步进化为全球虚拟团队。耶尔文佩等（Jarvenpaa et al.，1999）以团队形态（type of group）、互动模式（interaction mode）以及背景（context）来定义全球虚拟团队（global virtual team）。耶尔文佩等（1999）将团队形态分为临时性和永久性，永久性意指该团队有共同的过往经验以及共同的未来期待；将互动模式分为电子化沟通、面对面沟通以及混合沟通；将背景分为相同文化及地理位置、不同文化及地理位置。企业可以借由分散在全球虚拟团

队的专业经验得到不同的市场脉动信息，由此更可提升策略效果、决策参
与、减少旅费及开销、增加工作上的弹性与便利，使其对各层面的决策变
得娴熟（Elkins，2000）。例如，福特公司（Ford Motor Company）利用分
散在世界各地的虚拟团队，设计了红遍欧洲的蒙迪欧（Mondeo）车种；
提供全球最多光纤设备的北电网络（Nortel），目前有分布在全球 150 个国
家的 8 万名员工。因此，由跨越组织区隔、跨越文化成员所组成的虚拟团
队，业已成为一股强有力的发展潮流，成为信息化和全球化情境下最基本
的组织工作单位和广为接受的重要组织形式之一（Powell，Piccoli & Ives，
2004）。借助虚拟办公室在不同时区及地点上班已是组织管理的新常态，
因应虚拟团队在实践中的广泛应用，虚拟团队研究也成为组织行为与人力
资源管理理论研究的热点之一。

二、虚拟团队的效能管理面临新的挑战

如上所述，虚拟团队已成为信息化和全球化情境下最基本的组织工作
单位和广为接受的重要组织形式之一，甚至可能带来胜于传统面对面团队
的诸多好处。例如，更弹性地协同合作与重整、减少商务旅行成本、广泛
运用分散各地的人力资源、快速地反应客户需求、团队可能更具创造力
（Suchan & Hayzak，2001）。然而，随着虚拟团队的广泛运用，许多企业
只见到网络与信息技术带来的好处，却忽略在高度数字化下，可能伴随着
团队成员的相互猜疑与不信任，从而影响团队成员互动的品质与团队共识
的达成，反而有可能阻碍团队的有效运作。虚拟团队与传统团队的最大差
异在于虚拟团队是利用群体决策工具与通信技术，跨越时空的限制来共同
完成任务。虚拟团队具有短暂的即时互信效果，虽然在团队建立时，成员
可能有显著善意与认可他人能力，但不一定能建立起互信感（Jarvenpaa，
Knoll & Leidner，1998）。例如，虚拟团队缺乏实体的亲密性（proximity）
以及面对面互动，使得信任的发展以及维持的困难程度增加（Nohria &
Eccles，1992）。又如，虚拟团队的沟通必须依赖信息或网络科技，可能

使得团队内的信息流动较少，因而团队成员也较难通过信息的共享达成团队共识。

由此，波特等（Potter et al.，2002）认为，与面对面团队相比，虚拟团队在决策接受度、有效性、团队承诺、凝聚力等方面都将面临更大的挑战。因此，虚拟团队不仅需要用科技辅助进行日常作业，更需要通过这些科技来改善团队成员关系，降低团队社会资本过程损失（process losses），进而提高团队效能（team effectiveness）（Lurey & Raisinghani，2001）。进一步研究发现，互动形态是影响虚拟团队效能的主要因素，媒介必须借助互动形态来影响效能，结构型（constructive）互动模式有利于提高决策品质和接受度，且团队互动模式以结构型最佳。虽然在没有中介的条件下，媒介形态（电脑或面对面）是影响虚拟团队绩效的主要因素，但在考虑媒介或互动形态的情况下，团队内互动（团队成员合作与上行沟通的品质）却对团队效能具有正向影响（王佑中，2004）。与面对面团队相比，人格特质的外向差异导致虚拟团队更倾向被动型（passive）的互动模式，这种被动型互动模式将降低虚拟团队的效能。此外，科技中介程度或地理位置分散程度也对团队效能具有负向的影响（王佑中，2004）。

现有研究也表明，阻碍虚拟团队绩效的不一定是因为单个团队成员能力缺乏，更可能是因为虚拟团队没有能够更有效地整合所有的相关信息和知识，因此如何实现虚拟团队的知识整合成了虚拟团队管理的难点（Grant，1996）。第一，与传统团队相比，尽管信息技术为虚拟团队提供了超越空间和时间界限的可能，但虚拟团队缺乏非口语信息、附属口语信息和有限的社交脉络（李青芬，2006），电子沟通的这种虚拟特性给虚拟团队效能管理带来了新的挑战。第二，相对于传统团队而言，虚拟团队虽然为显性知识的整合提供了更为便利的条件，但是对于隐藏于个体中的隐性知识的整合难度更大（Heninger，Dennis & Hilmer，2006；Robert，Dennis & Ahuja，2008）。第三，全球虚拟团队是以短暂性、文化异质性、地理分散和电子沟通为特性的工作团队，从而虚拟团队管理内部冲突的方式是影响其成功与否的重要因素。除面临与一般虚拟团队相同的技术管理和计划管理等方面的挑战外，全球虚拟团队还可能存在语言沟通、跨文化距离等方面造成的冲击问题（Rajeev，Timothy & Madan，1998）。托马斯（Thomas，1999）的研究表明，文化同质的团队绩效优于文化异质的团队，因此虚拟团队管理内部冲突的方式是影响其成功与否的重要因素。蒙托亚－韦斯等（Montoya-weiss et al.，2001）也认为，短期协调对于冲突管理行为与虚拟团队效能具有显著的调节效果。

三、社会资本过程有助于提升虚拟团队效能

社会资本（social capital）是镶嵌于社会网络之中并可以由网络成员占有和使用的资源（Lin，2001），知识整合（knowledge integration）则是团队将分配于不同团队成员的知识综合成为满足团队工作需要的特定的系统知识的过程（杜静，2004）。社会资本对促进知识整合有重要的作用（Grant，1996；杜静，2004；Bhandar & Pan，2007），对于信息技术支持下的虚拟团队而言，尤为如此（Grant，1996；Robert，Dennis & Ahuja，2008）。因为知识特别是隐性知识根植于团队成员的经验之中，所以团队成员之间的社会互动就变得尤为关键（Inkpen & Tsang，2005）。换言之，在虚拟团队每一个阶段的合作过程中，沟通是合作的必要条件而非充分条件，必须将合作视为包含了团队结构、沟通模式与沟通形式等多维度的构成形式（Sarker & Sahay，2002）。

社会资本为知识整合提供了机会、意愿和能力（柯江林，孙健敏和石金涛，2007）。网际网络平台是虚拟团队成员之间虚拟沟通与联系的环境，格罗斯（Grosse，2002）认为，电子邮件是虚拟团队最常用的工具，但视频会议适合大团体进行沟通；电话可使成员较为亲近，但若语言不通反而会成为障碍，面对面是虚拟团队最有效的沟通方式。因此，交互地使用面对面沟通与虚拟沟通的方式，成为改善虚拟团队沟通效果的策略选择。进一步研究表明，团队内互动式团队领导及团队效能，能在信任与沟通效能中起中介效果（王建忠，2001）。而全球虚拟团队领导人如能更清

楚地表现出多种领导角色，会形成较佳的领导效能，其团队绩效也较高（Kayworth & Leidner，2002）。

团队是创新的温床，知识整合是团队成员将来自团队其他成员的分散的、组件性知识转变为满足实践应用的结构性知识的过程（Inkpen & Tsang，2005），从而成为影响团队创新绩效的重要变量（Bhandar & Pan，2007）。而且，特定的虚拟团队社会资本可以弥补由于虚拟沟通所产生的信息损失问题，甚至可以接近或达到传统团队所具有的知识整合水平（Yoo & Alavi，2001）。表征团队虚拟化程度的构架（configuration）包括空间（spatial）、时间（temporal）、地点（site）、不平衡指数（imbalance index）以及隔离指数（isolation index）等（O'Leary & Cummings，2007；Staples & Webster，2007）。其中，不平衡指数是用来描述同一团队中不同地点的团队成员数量的多少，如果某一地点的团队成员人数远大于其他地点的团队成员人数，则不同地点间的次团队（sub-team）可能会有不平衡的权力互动；而隔离指数则是用来描述有多少比例的团队成员独自处于某一地点。

团队结构的功能性角色、运作沟通频率、成员的信任关系、团队凝聚力、知识管理的信息收集与传播次数、知识分享次数，都会显著地影响虚拟团队的效能（方世煌，2002）。其中，信任是虚拟环境的有效机制，可以提升沟通效能并增加团队凝聚力（Jarvenpaa，Knoll & Leidner，1998；Jarvenpaa & Leidner，1999；Kanawattanachai & Yoo，2002）。信任就像胶水一样，将虚拟团队成员维系在一起，从而信任成为高绩效虚拟团队不可或缺的特质（Lipnack & Stamps，1997）。但虚拟团队在地理位置上的分散性，要求虚拟团队成员间具有比传统团队更高的信任水平。无论虚拟程度如何，信任对团队内的知识共享均具有正向影响，并且在任务相互依赖性较低时，信任对团队知识共享的影响程度更高。

而且，信任对虚拟团队的影响会随情境不同而不同。在全球虚拟团队成立初期，成员轻信的观念对于他对团队的信任与团队合作具有正向的影响，之后，成员之间的信任会形成一个调节变量，不再直接地影响团队沟通与认知产出的关系，信任的影响会随特定的情景与条件波动（Jarven-paa，Shaw & Staples，2004）。虚拟团队的信任模式是迅捷信任（swift trust），而且虚拟团队通常是以认知为基础的信任，且高于以情感为基础的信任；要创造较高的团队绩效，虚拟团队不应该只是停留在开始建立起来的初始信任，应随着时间的推移，将团队内的信任维持在较高地水平（Kanawattanachai & Joo，2002）。与传统团队相比，虚拟团队较多的依赖电子沟通模式，成员之间的联系较弱（McDonoug，Kahn & Barczak，2003），而且虚拟团队这种初期迅捷信任是脆弱的。因此，开始时的迅捷信任的建立和后来的持续信任的维护都十分重要（Meyerson，Weick & Kramer，1996）。此外，知识共享对团队效能的影响亦得到支持，而对于混合型团队而言，知识共享对团队效能的影响较低（Staples & Webster，2008）。

第二节　研究问题

如前文所述，虚拟团队作为一个新型组织形式不可避免地已渗透到中国企业及组织的运作之中，对于企业的创新发展必然起到推动作用。虚拟团队效能是虚拟团队是否有效地推动企业创新发展的主要表征之一，然而现有有关知识整合的理论较少关注团队层面的知识整合问题，并且对信息技术的隐性知识整合问题研究也不够，对于如何从机制与策略等方面破解信息技术对虚拟团队效能所造成的障碍方面的理论问题，并没有得到深入的分析。因此，考察虚拟团队运作效能的形成机制具有重要的理论与实践意义。

对这一问题的进一步思考可以引申出如下四个子问题：社会资本对知识整合与虚拟团队效能的作用机理如何？虚拟团队社会资本存在怎样的维度与结构？知识整合与虚拟团队效能之间存在怎样的联系？怎样提升虚拟团队效能？其中，社会资本对知识整合与虚拟团队效能的作用机理是问题的核心；虚拟团队社会资本的维度及结构是核心问题的前提；知识整合与虚拟团队效能的联系是核心问题的延伸；虚拟团队效能的提升模式及策略是核心问题的拓展与应用。

一、社会资本对知识整合与虚拟团队效能的作用机理如何

与西方文化自我和独立意识不同，中国是典型的儒家关系文化。目前关于虚拟团队的研究主要是从西方社会的角度出发，探索西方文化情境下社会资本、知识整合与虚拟团队效能的相关问题。然而，基于中国文化情境的虚拟团队已有研究缺乏统一的理论框架，相关的理论与实证研究仍然相对薄弱。因此，中国文化情境下社会资本、知识整合与虚拟团队效能的研究及其本土问卷的开发与设计，对于完善虚拟团队管理理论进而为相关研究者提供参考依据，有着十分重要的理论意义。基于此，本书的核心问题之一是立足于中国文化情境，针对信息技术对虚拟团队社会资本与知识整合的影响机理进行分析，并着重研究社会资本对知识整合与虚拟团队效能的作用机理问题。

二、虚拟团队社会资本存在怎样的维度与结构

虚拟团队的运作模糊了部门与组织的界限，通信和信息技术成为成员之间交流互动的便捷平台，为实现知识与信息的广泛和便捷共享提供了丰富的机会。与西方文化强调自我和自我独立意识不同，中国文化是典型的儒家关系文化，具有关系取向、和谐导向以及高语境沟通等文化特点，从而增加了其组织团队的复杂性。而且，相对于西方的"团体格局"，中国人是"差序格局"（费孝通，1948），不易形成一般信任（罗家德和叶勇助，2007）。中国文化也强调个人在特定"差序格局"中的位置，以及针对"圈子"中因人而异的不同态度和行为（费孝通，1985）。中国社会的人际关系是"以人伦为经，以亲疏为纬"的人际网络和圈子（左斌，

1993），表现出以中国独特的"礼"文化为根基、"家"为中心和"己"为中心的特点（高闯和郭斌，2010）。综观文献，相关的研究大多以西方社会文化情境为背景来研究，而以中国独特的儒家关系文化情境为背景的研究较少。因此，中国儒家关系文化与虚拟团队本质存在冲突，有关研究成果与政策需求之间尚存在一定的缺口。本书试图探讨了儒家文化与信息技术存在冲突的情境下，虚拟团队社会资本的维度与结构问题。

三、知识整合与虚拟团队效能之间存在怎样的联系

团队最重要的能力是知识整合的能力（Grant，1996）。然而，虚拟团队除了面临传统团队知识整合的同样困难外，还面临由于采用电子媒体所造成的社会化因素缺失以及虚拟沟通过程所造成的信息损失障碍问题。具体而言，由于跨地域特性使得面对面沟通机会减少，虚拟团队知识整合中的重要障碍是社会化因素缺失（Burke & Chidambaram，1999；肖伟和赵嵩正，2005；DeSanctis & Poole，1994；Dennis，Wixon & Vandenberg，2001），以及来自于电子媒体沟通过程中所造成的信息损失（Robert，Dennis & Ahuja，2008）。一方面，社会资本过程可能更有助于知识整合（Inkpen & Tsang，2005），社会化因素缺失以及虚拟沟通的信息损失问题不可能单纯依靠某一种单一方式所能解决；而且，社会化因素侧重于解决知识整合过程中团队成员知识贡献和知识共享的意愿问题，无法处理好信息损失问题（Majchrzak，Malhotra & John，2005）。另一方面，虽然信息技术为解决信息损失问题提供了良好的技术支撑，但信息技术也加深了虚拟团队本已经存在的隐性知识整合问题。因此，本书将运用社会网络理论，在探讨虚拟团队社会资本的维度与结构的基础上，探索如何通过社会资本发展与知识管理系统良性互动以促进虚拟团队知识整合及提升虚拟团队效能的机制。

四、怎样提升虚拟团队效能

信息技术平台上的虚拟团队成员间的沟通更为清晰明了，而基于儒家关系文化的社会资本网络具有"粘合"性。虚拟团队具有沟通虚拟性、暂时性及短期任务导向等特点，而儒家关系文化具有高语境沟通、关系取向与和谐导向等特征。综观文献，信息技术支持下的虚拟团队任务过程与文化情境下的虚拟团队社会资本过程二者存在冲突性，也可能产生良性互动。基于此，本书结合实证研究的结论，进一步研究如何对虚拟团队的投入因素、任务过程与社会资本过程进行行为过程管理，并在此基础上，提出加强虚拟团队信任发展、跨文化管理、虚拟沟通及电子化领导的相关行动策略，从而使信息技术与社会文化相得益彰，以最大限度地激发虚拟团队的创造潜力，进而提出提升虚拟团队效能的管理策略。

第三节　概念界定

一、团队

杰瑟普（Jessup，1990）指出，团队（team）是由两人或两人以上的成员组成的，团队拥有共同的目标，成员之间相互依赖、彼此承诺以达成目标。卡岑亚默尔等（Katzenback et al.，1993）认为，团队是为完成共同目标，一群认同团队共同目标、方向与绩效标准，并拥有互补才能且彼此信任的个体成员组合。而莫尔曼等（Mohrman et al.，1995）认为，团队是一群相互依赖的个人组成的，成员通过彼此之间的互动及整合一起工作，共同为团队成败负责。而且，团队成员背景及技能的互补性，使得团队相较个体在很多时候能产生出较高的产出（Child，2005）。

斯科特和爱因斯坦（Scott & Einstein, 2001）根据团队需要完成的任务的复杂程度和团队成员的结构对团队进行了分类，其中任务复杂程度可以从例行性任务到非例行性任务进行分析，而团队成员结构则可以从静态结构到动态结构进行分析。所谓例行性任务，是指清晰地界定了工作任务，清晰的工作任务使其在如何完成这些工作任务方面几乎不会有什么偏差，而且只要能够将各项工作完成，就很容易对效能进行评估与管理。反之，非例行性工作则指没有得到清晰界定的工作，在如何开展工作方面也没有清晰的指示和说明，由于工作的产出通常不会在短期内出现，因而对效能很难加以有效的评估及管理。此外，团队成员结构还涉及团队成员在一起工作的时间有多长（长期性或短期性）以及团队成员的稳定性（静态性或动态性）如何。基于斯科特和爱因斯坦（2001）的研究结果，本书描述了团队类型的演进过程及其面临的挑战，如图 1 - 1 所示。

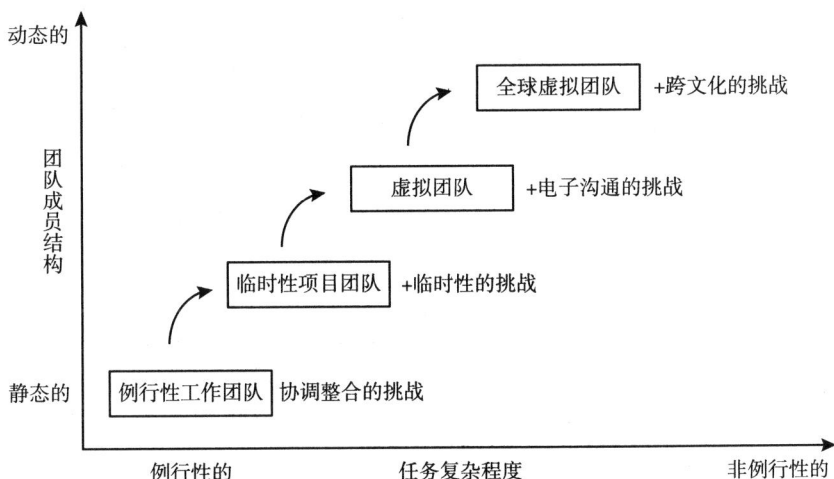

图 1 - 1　团队类型的演进过程及其叠加的挑战

资料来源：斯科特和爱因斯坦（Scott & Einstein, 2001），有改进。

如前文所述，越来越多的组织通过组成团队来完成任务，团队成为组织变革的重要趋势之一。其中，例行性工作团队是从事例行性工作职能或任务的非常完整的团队，团队成员拥有类似的技能组合，并且团队中的成员总会有一定的时间在一起完成工作，通常情况下，成员之间彼此非常了解。但毕竟例行性工作团队不同于工作群体，因而例行性工作团队面临的挑战是如何协调和整合成员更好地完成工作任务。

而临时性项目团队是为达成某种特定的目标而组建起来的特定任务团队，由于这些工作任务通常处于组织的核心生产或服务职能活动之外，因而临时性项目团队不像例行性工作团队的工作任务那样具有例行性。而且，由于临时性项目团队突破了组织边界的约束，吸纳了来自不同职能领域的成员，成员彼此之间并不是十分地了解对方的专长，因而对别人丰富的专业知识及通常非常复杂的技能组合有着很高程度的依赖。临时性项目团队具有短期性或临时性，一旦这个特定的临时性任务完成，临时性项目团队就会解散。因此，临时性项目团队便在例行性工作团队的基础上，叠加了另一个挑战：如何进行团队的长期规划以提高团队长期效能（例行性工作团队面临的挑战仍然可能存在于临时性项目团队）。

需要指出的是，无论是例行性工作团队，还是临时性项目团队，团队成员之间通常距离较近，且有更多的面对面沟通，因而也较少地通过电子技术媒介进行沟通。

二、虚拟团队

时至今日，人类已进入信息化的新时代，电子通信和互联网、云计算、大数据等信息技术快速进步，赋予人类前所未有的远距离共事能力，电子化联系特别是新的数字媒介带来的冲击，成为驱动虚拟团队变革的主要动力（Lipnack & Stamps，1997）。利普尼克等（Lipnack et al.，1997）最早提出了虚拟团队（virtual team，VT）的概念，认为虚拟团队是一群个体组成的为了实现共同的目标与任务而进行互动的团队。随后学者从多个视角对此展开了研究，乔治（George，1997）认为，虚拟团队是为了完成共同任务与目标，不同时空的、不同知识和专长的人聚集在一起的工作团队（Lipnack，2002）。耶尔文佩等（1999）也持有类似的观点，并将虚拟团队定义为在空间上、时间上和组织上分散的员工为完成一项或多项任务，并通过信息和通信技术联结的一个小组（Jarvenpaa & Leidner，1999）。而卡斯泰拉尼等（Castellani et al.，2013）在对跨国公司的研究中指出，对于运作不受距离影响的企业来说，其创造价值来源与一般企业相比具有忽略距离成本的优势。

罗双平（1999）认为，虚拟团队包含人、联结和目标三大构成要素，其中，"人"是最基本的要素，"目标"是凝聚成员的要素，"联结"是成员互动关系的集合。龚志周和王重鸣（2004）认为，虚拟团队是为完成特定任务或共同目标，跨越时空障碍或组织边界，依靠电子信息技术而协同工作的群体。这里的"一起"并不是指真正意义上的特定的空间时间的同步调，而是一种在信息通信技术的支持下，使分布在世界各地的人能有效沟通交流完成既定任务，具有朝同一目标前进的思想进程的一种组织人力资源配置（龚志周和王重鸣，2004）。罗岭和王娟茹（2013）认为，虚拟团队是由计算机网络和信息技术、有效的信任与协同、跨地区与跨组织的人力资源三个方面组成的结合体。

同样由图 1-1 可知，相对临时性项目团队而言，虚拟团队的内部成员关系不受时间或空间的限制，也更加不受组织边界的约束。通常情况下，虚拟团队的成员在地理位置上是分散的，成员之间主要通过电子邮件、视频会议以及电话等远程通信技术保持联系。而且，虚拟团队所要完成的工作是常规化程度极低的，通常由临时性或全职员工、客户、分销商，甚至咨询顾问等各类人员共同组成。当为解决某一特定的任务而组成的团队分散各地、跨越不同区域时，团队成员之间的互动、沟通与协调方式也逐渐由传统面对面的方式，转变为通过计算机媒介沟通等计算机媒介技术来辅助成员间相互合作的方式进行。然而，虚拟团队缺乏足够的实体亲密性（proximity）以及面对面互动（Nohria & Eccles，1992），使得虚拟团队在例行性工作团队或临时性项目团队面临的挑战的基础上，叠加了另一个挑战：如何利用信息技术来增加社会化因素进而虚拟团队提升效能。

需要指出的是，例行性工作团队或临时性项目团队面临的挑战，仍然有可能存在于虚拟团队中且可能有不断增强的趋势，因此这些挑战仍然需要在虚拟团队管理过程中给予足够的重视。

当今的世界是平的，全球化与信息化相伴而生。信息技术为团队的远距离合作提供了支持，加快了组织购并、联盟、竞争、裁员以及经济全球化的趋势（Lurey & Raisinghani，2001）。企业规模与营运范围的逐渐扩张，国界及时差逐渐消失，全球虚拟团队（global virtual team）因应而生，业已成为当今跨国企业必要的工作方式和虚拟团队进化的必然趋势。全球虚拟团队是具有不同文化背景的成员组成，主要借由信息技术克服地理和时空分散障碍的临时性工作团队（Jarvenpaa & Leidner，1999）。相对例行性工作团队、临时性项目团队或区域性的虚拟团队而言，全球虚拟团队是由不同国家文化背景的成员组成的，因而成员间必然存在跨文化距离（cross-cultural distance），也将产生跨文化冲击（cross-culture shock）。由此可以推论，全球虚拟团队会在上述三类团队类型（例行性工作团队、临时性项目团队或区域性虚拟团队）所面临风险的基础上，叠加出跨文化管理（cross-cultural management）方面的挑战。因此，在虚拟团队管理过程中，需要足够重视跨文化距离及跨文化冲击的挑战，并通过跨文化调适（cross-cultural adjustment）来提升跨文化效能（cross-cultural effectiveness）。

三、团队效能

团队效能（team effectiveness）是组织关心的重要方面，也是衡量一个团队运作的最终结果指标。一般来说，团队效能的评估指标无非包括关系到一个团队是否顺利达成目标的绩效指标以及团队成员气氛是否融洽的态度指标（Gladstein，1984；Lurey & Raisinghani，2001）。通常，团队绩效可由主观的团队成员或团队领导等个人意见来评定，如是否完成任务目标、进度（Lurey & Raisinghani，2001；McDonough，2001）或决策品质（Paul，2004）等，或是通过客观的量化指标来评定，如成本支出、销售利益（Gladstein，1984）等。而态度指标包括合作满意度（黄敏萍，2000）、工作满意度（Gladstein，1984）、团队承诺（王建忠，2001）、结果满意度（Warkentin，1997）、成员满意度（Lurey & Raisinghani，2001）、决策过程满意度（Paul，2004）等。此外，由于团队是创新的温床，因而创新绩效势必成为团队效能研究的重点内容之一，信息技术的应用以及全球一体化程度日益加深，虚拟团队创新绩效的研究也因此越显重要。

虚拟团队的创新本质是通过团队成员知识差异性进行知识的再造。哈默尔（Hamel，2010）认为，管理创新会改变管理者的处事方式，管理创新包括理论创新、组织创新、工具创新，其中的组织创新和工具创新更为重要。德鲁克（Drucker，1993）研究认为创新绩效是对企业技术创新结果的综合反应，而笛德（Tidd，1995）从过程创新、产品创新和服务创新衡量创新绩效。哈格多恩等（Hagedoorn et al.，2003）认为，狭义的创新绩效是指根据企业将发明创造引入市场的程度测量的结果，广义的创新绩效是指从概念生成一直到将发明引入市场整个轨迹过程所取得的包括发明、技术以及创新三个方面的绩效。此外，文森特等（Vincent et al.，2005）认为，企业创新绩效是指由于产品创新或过程创新活动带来的企业绩效的提高。

虚拟团队一般都是满足项目需求的临时性组织，并将随着任务的达成而解散。芮明杰（2006）认为管理创新是一种全新的全过程管理或局部细节管理的范式创新。许庆瑞（2006）等提出了全面创新管理（total innovation management，TIM）的概念，指出应以技术创新和管理创新的相互结合，实现最佳的创新绩效。周希炯（2009）认为，创新绩效一般是指对企业技术创新活动效率和效果的评价。曾明彬和杨建梅（2011）认为，创新绩效是指企业参与联盟经营时的效率和效能的程度，并根据洪德芬提出的技术绩效指标、市场绩效指标与整体绩效指标建立的量表，考察了社会网络对珠江三角洲咨询业创新绩效的影响作用。郑小勇和楼鞅（2009）则从对科研团队的创新绩效影响因素方面，提出了包括创新有效性和创新效率的两维度架构。综上所述，本书将虚拟团队创新绩效定义为，虚拟成员之间借助信息通信技术，实现成员信息知识、技能共享、资源互补、知识重新组合或再造而获得的效果或效率的团队。

四、社会资本

社会资本（social capital）的研究起源于 20 世纪初有关社会关系和社会网络的研究，而相关领域的研究热潮肇始于 20 世纪 90 年代。劳瑞（Loury，1997）最早用社会资本来解释经济活动。而布尔迪厄（Bourdieu，1997）最早正式定义了社会资本概念，认为社会资本是通过关系网络获取和占有的现实的或潜在的资源集合体。布尔迪厄（1985）和贝克尔（Baker，1990）将社会资本的范围仅仅限定在关系网络的结构上，而普特南（Putnam，1993）将社会资本看作是一种结构洞和获取关键知识的机会。莫兰（Moran，2005）针对管理人员的研究表明，结构嵌入影响其销售绩效，关系嵌入影响其产品和流程创新绩效。

林（Lin，1982）认为，社会资源能积极地促进人们自身的生存发展，社会资本是个人通过摄取嵌入性资源以增强工具性行动或情感性行动中的期望回报，而在社会关系上进行的投资。朱国宏（1999）认为，社会资本是一种凭借关系网络和社会结构而获取稀缺资源的能力，而柯江林（2007）则从团队内部视角定义了团队社会资本。高闯和郭斌（2010）对中国组织的社会资本的结构维度、关系维度及认知维度进行了本土化的定义，认为结构维的特征表现为以中国独特的"礼"文化为根基，关系维的特征表现为"家"为中心，认知维的特征则表现为以"己"为中心。

五、中国文化

中国独有的历史文化和交往、信任方式与中国得天独厚的自然社会条件相结合，长期以来为中国组织积累下了丰厚的社会资本与人力资本，也奠定了中国长期、不间断地领先于世界的人文。然而，与西方文化自我和独立意识不同，中国文化（Chinese Culture）是典型的儒家关系文化，具有关系取向、和谐导向以及高语境沟通等文化特点，因而增加了其组织团队的复杂性。杨缨（2014）认为，中国这种有着和合尚同、崇尚平等传统的文化环境，特别容易形成这种道德主义信任，中国人重情爱亲、追求默契的倾向使得中国人之间的信任具有更大的强度和可持续性。

相对于西方的"团体格局"，中国社会的人际关系是"差序格局"（费孝通，1948），不易形成一般信任（罗家德和叶勇助，2007）。中国文化强调个人在特定"差序格局"中的位置和针对"圈子"中因人而异的不同态度和行为（费孝通，1985），中国社会的人际关系是"以人伦为经，以亲疏为纬"的人际网络和圈子（左斌，1993），表现为以中国独特的"礼"文化为根基、"家"为中心和"己"为中心（高闯和郭斌，2010）。而虚拟团队借助信息技术交流平台，团队成员之间的交流与信任偏向于清晰明了和简洁迅捷。因此，中国文化与虚拟团队存在内在的冲突性。综观文献，相关的研究大多从西方社会文化情境为背景来研究，而以中国独特的儒家关系文化情境下的虚拟团队研究较少。

六、跨文化冲击

当虚拟团队被建构在全球化的情境之上，进一步拓展了虚拟团队的地理、时空、文化和组织的边界（boundary），全球虚拟团队便得以产生。全球虚拟团队的全球化特征包括了来自各国不同文化和不同地理区域的成员，因为成员处在全球不同的文化环境下，所以有着不同的思考和任务行为方式。当成员本国文化与他国文化在沟通与协商的态度、时间或空间等概念呈现出差异时，可称之为"跨文化距离"（cross-culture distance）。霍夫施泰德（Hofstede，1980）以文化的权利距离、不确定性规避、个人主要与集体主义、男性化与女性化四个方面的指标，来衡量各国文化与价值取向。由于不熟悉新文化认知的方向以及不能发挥必须扮演的角色技巧，而使异国人不能适当地处理面对的新环境，进而导致无力感，称之为"跨文化冲击"（cross-culture shock）（Taff, 1977）。多项研究表明，如果跨文化冲击适应不良，将导致任务的失败（Dumn, 1980；Harris & Moran, 1991；Fpmtaome, 1996；Forster, 2000），因此，跨文化冲击是决定全球虚拟团队效能的一股看不见的力量。例如，个体主义的美国人比日本人及韩国人更倾向采取偏向竞争的支配型；而东方社会在面对冲突时，较为顾及他人的面子（Peng & Tjosvold, 2011），比较不偏向采取积极型的冲突处理类型。

七、知识整合

知识是不同的人基于本身不同的观点，对外在世界进行的观察与解释，是人类之中所反应或组合出来具有价值的信息，知识的可贵在于接近行动。依据其可表达的程度，可将知识区分为明晰知识和缄默知识两大类。明晰知识是指可程序化、制度化与言语表达的知识，缄默知识则是属于个体的、与其所处的情境相关并难以程序化的认知与技能。亨德森等（Henderson et al., 1990）首次诠释了知识整合（knowledge integration）的概念，认为知识整合是组织知识结构在市场需求的驱动下，通过一定的解决方案产生新知识的过程。随后学者从不同视角对知识整合进行了定义。代表性的观点有：团队知识整合是团队将个体明晰知识或缄默知识转化为团队任务所需的新知识的能力（Tiwana & McLean, 2000），包括识别、编码、采纳和延续四个子过程（Bresman, 2012）；知识整合是组织锁定对目标有益的知识主体，借助于各种科学有效的技术、方法与管理手段（张喜征，2005），获取不同来源、层次、结构、功能或内容的知识（杨学勤和林凤，2006），通过识别、筛选、配置、个体融合和团队知识重构等环节，实现个体知识体系更新与优化和团队内部知识体系优化的动态过程（赵丽梅，2013）。虚拟团队成员的异质性使其知识整合表现为借助通信工具的知识交流、分享与转换的过程。与传统的团队相比，虚拟团队最大的优势就是知识的共享便捷性，因而虚拟团队更有利于实现知识的再造与溢出。换言之，虚拟团队虽然不可能时时刻刻面对面地沟通交流，但可以把自己的专长进行聚合并发挥最大效益。

八、群体决策支持系统

莫顿（Morton，1971）最早提出决策支持系统（decision support systems，DDS）的概念，决策支持系统试图以电子化的交谈系统（interactive computer-based systems，ICBS）协助决策者使用资料（data）和模式（models）来解决非结构性（unstructured）问题（梁定澎，1997）。而群体决策支持系统（group decision supporting system，GDSS）支持的活动包括群体决策中基本信息活动和阶段性活动，其中基本信息活动包括信息的检索、共享和使用；阶段性活动包括分析问题、意见发生和达成共识等（王凤仪，1999）。群体决策支持系统的设计按团队的大小可分为决策室（decision room）、区域决策网络（local area decision network）、议事会议（legislative session）和计算机中介会议（computer mediated conference）。群体决策支持系统对虚拟团队带来的效益在于平行沟通、匿名性、群体记忆、过程结构、任务支持与任务结构等。

随着信息技术的发展，创造力（creativity）也能建构在计算机系统上。创造力支持系统（creativity support systems，CSS）是以内在创造力为基础的，通过适当的使用者界面设计，提供合宜的信息支持服务，以协助个人或团队在创意活动的过程中能顺利地进行创意活动，并试图增进其创意结果的有效产出（Abraham & Boone，1994；Shneiderman，2000）。创造力支持系统能强化使用者现存的思考，甚至会明显改变团队的思考策略（Barzilai & Zohar，2006）。学者进一步指出，不同的人具有不同的特质、思维、背景和个性，因此创造力支持系统理论的依据和基础也应当因人而异，其提供的创意协助必将有所差异（李震华，2009）。

第四节 本章小结

信息技术的快速发展不仅使人类生活比以往更加便利，新的组织形态、管理方式、领导方式以及团队形态也伴随着这一趋势而不断进化。电子化联系特别是新的数字媒介带来的冲击，成为驱动虚拟团队变革的主要动力。虚拟团队从实质上转变了组织架构和运作形式，虚化了组织边界，尽可能地将组织内外资源进行整合，以最快速度适应环境的改变。信息技术也加快了组织购并、联盟、竞争、裁员以及经济全球化的趋势，企业规模与营运范围的逐渐扩张，国界及时差逐渐消失，区域性的虚拟团队也因此进一步进化为全球虚拟团队。因此，虚拟团队已成为信息化和全球化时代最基本的组织工作单位和广为接受的组织形式之一。

然而，虚拟团队与传统团队的最大差异在于，虚拟团队是利用群体决策工具与通信技术，跨越时空的限制共同完成任务。虽然虚拟团队具有短暂的即时互信效果，但不一定能建立互信感；虚拟团队缺乏实体的亲密性以及面对面互动，使得信任的发展以及维持的困难程度增加；虚拟团队的沟通必须依赖信息或网络科技，可能使得团队内的信息流动较少，因而团队成员也较难通过信息共享以达成共识。因此，与传统的面对面团队相比，虚拟团队在决策接受度、有效性、电子沟通、隐性知识整合、团队承诺、凝聚力等方面都将面临更大的挑战。此外，全球虚拟团队还可能存在语言沟通、跨文化距离等方面造成的跨文化冲击问题。

社会资本为知识整合提供了机会、意愿和能力，特定的虚拟团队社会资本可以弥补由于虚拟沟通所产生的信息损失问题，甚至可以使虚拟团队的知识整合水平接近或达到传统团队的知识整合水平。由于知识特别是隐性知识根植于团队成员的经验之中，所以虚拟团队成员之间的社会互动就变得尤为关键。而且，必须将虚拟团队每一个阶段的合作过程视为包含团队结构、沟通模式与沟通形式等多维度构成。其中，信任是高效能虚拟团队不可或缺的特质，而虚拟团队早期建立的信任模式是迅捷信任，迅捷信任是脆弱的。而且，虚拟团队较多地依赖电子沟通模式，因而虚拟团队成员之间的联系也较弱。因此，对于较高绩效的虚拟团队而言，开始时的迅捷信任建立和后来的持续信任维护都十分重要。

由此可见，研究虚拟团队运作效能具有重要的理论与实践意义。但是，现有研究对于如何从机制与策略等方面破解信息技术对虚拟团队效能所造成的障碍方面的理论问题，并没有得到深入的分析。基于此，本书提出如下四个方面的子问题：社会资本对知识整合与虚拟团队效能的作用机理如何？虚拟团队社会资本存在怎样的维度与结构？知识整合与虚拟团队效能之间存在怎样的联系？怎样提升虚拟团队效能？其中，社会资本对知识整合与虚拟团队效能的作用机理是问题的核心；虚拟团队社会资本的维度与结构是核心问题的前提；知识整合与虚拟团队效能的联系是核心问题的延伸；虚拟团队效能的提升模式及策略是核心问题的拓展与应用。

目前关于虚拟团队的研究主要是探索西方文化情境下社会资本、知识整合与虚拟团队效能的相关问题，但基于中国文化情境的虚拟团队已有研究仍然缺乏统一的理论框架。首先，与西方文化自我和独立意识不同，中国文化是典型的儒家关系文化。其次，虚拟团队的运作模糊了部门与组织的界限，通信和信息技术成为成员相互之间的交流平台；而中国社会是以儒家思想为基础的社会，具有关系取向、和谐导向以及高语境沟通等文化特点，增加了虚拟团队管理的复杂性。由于中国儒家关系文化与虚拟团队本质存在冲突，有关研究成果与政策需求之间尚存在一定的缺口。再次，虚拟团队面临由于采用电子媒体所造成的社会化因素缺失以及虚拟沟通过程所造成的信息损失障碍问题。而社会化因素侧重于解决知识整合过程中团队成员知识贡献和知识共享的意愿问题，而无法处理好信息损失问题；信息技术为解决信息损失问题提供了良好的技术支撑，但也加深了虚拟团队本已经存在的隐性知识整合问题。此外，虚拟团队具有沟通虚拟性、暂时性及短期任务导向等特点，而儒家关系文化具有高语境沟通、关系取向与和谐导向等特征。信息技术支持下的虚拟团队任务过程与文化情境下的虚拟团队社会资本过程二者存在冲突性，也可能产生良性互动。

团队是一群个体成员的组合，团队成员拥有互补的才能，认同共同的目标和绩效标准，致力于共同的方向，彼此信任以完成工作目标。虚拟团队则是为了完成共同任务与目标，由不同时空的、不同知识和专长的人聚集在一起工作的一种特殊团队类型，其面临的新挑战是如何扬长避短地利用信息技术以实现高效能。而全球虚拟团队是具有不同文化背景的成员组成的，是借由信息技术来克服地理和时空分散障碍的临时性工作团队，全球虚拟团队面临的新挑战是跨文化管理方面的挑战。团队效能的评估指标包括关系到一个团队是否顺利达成目标的绩效指标，以及团队成员气氛是否融洽的态度指标。而虚拟团队创新绩效则是虚拟成员间借助信息通信技术，实现信息知识、技能共享、资源互补、知识重新组合或再造而获得的效果或效率。

社会资本是通过关系网络获取和占有的现实的或潜在的资源集合体，也可看作是一种结构洞和获取关键知识的机会。中国组织的社会资本的结构维的特征表现为以中国独特的"礼"文化为根基，关系维的特征表现为"家"为中心，而认知维的特征则表现为以"己"为中心。中国文化是典型的儒家关系文化，具有关系取向、和谐导向以及高语境沟通等文化特点，增加了其组织团队的复杂性，因此中国文化与虚拟团队存在内在的冲突性。全球虚拟团队的跨文化冲击是由于不熟悉新文化认知的方向以及不能发挥必须扮演的角色技巧，而使异国人不能适当地处理面对的新环境，进而导致的无力感。

团队知识整合是团队将个体明晰或缄默知识转化为团队任务所需的新知识的能力，包括识别、编码、采纳和延续四个子过程。与传统的团队相比，虚拟团队最大的优势就是知识的共享便捷性，换言之，虚拟团队更有利于实现知识的再造与溢出。决策支持系统试图以电子化的交谈系统协助决策者使用资料和模式来解决非结构性问题，群体决策支持系统支持的活动包括群体决策中的信息检索、共享、使用以及分析问题、意见发生和达成共识等。随着信息技术的发展，创造力也能建构在计算机系统上。创造力支持系统是以内在创造力为基础，通过适当的使用者界面设计来提供合宜的信息支持服务，以协助个人或团队在创意活动的过程中能顺利地进行创意活动，并试图增进其创意结果的有效产出。

本章参考文献

［1］Abraham, T., Boone, L. W. Computer-based systems and organizational decision making：An architecture to support organizational innovation ［J］. Creativity Research Journal, 1994（4/5）：111－123.

［2］Baker, W. Market networks and corporate behavior ［J］. American Journal of Sociology, 1990（96）：589－625.

［3］Barzilai, S., Zohar, A. How does information technology shape thinking ［J］. Thinking Skills and Creativity, 2006, 1（2）：130－145.

［4］Bhandar, M., Pan, S. Towards understanding the roles of social capital in knowledge integration：A case study of collaborative information system project ［J］. Journal of the American Society for Information Science and Technology, 2007, 58（2）：263－274.

［5］Bourdieu, P. The forms of capital ［A］. Richardson J. G. Hand-book of theory and research for the sociology of education ［M］. New York：Greenwood Inc., 1985：241－258.

［6］Bresman, H. Changing routines：A process model of vicarious group learning in pharmaceutical R & D ［J］. Academy of Management Journal, 2012, 56（1）：35－61.

［7］Burke, K., Chidambaram, L. How much media bandwidth is enough? A longitudinal examination of media characteristics and group performance ［J］. MIS Quarterly, 1999, 23（4）：557－580.

［8］Cascio, W. F., Shurygailo, S. E－Leadership and virtual teams

[J]. Organizational Dynamics, 2003, 31 (4): 362 – 376.

[9] Child, J. Organization: Contemporary and practice [M]. New York: Blackwell, 2005.

[10] Dennis, A. R., Wixon, B. H., Vandenberg, R. J. Understanding fit and appropriation effects in group support systems via meta-analysis [J]. MIS Quarterly, 2001, 25 (2): 167 – 193.

[11] DeSanctis, G., Poole, M. S. Capturing the complexity in advanced technology use: Adaptive structuration theory [J]. Organization Science, 1994, 5 (2): 121 – 147.

[12] Drucker, P. F. Post-capitalist society [M]. NY: Harper Business, 1993.

[13] Elkins, T. Virtual teams connect and collaborate [J]. IIE Solutions (ABI/INFORM Global), 2000, 32 (4): 26.

[14] Grant, R. M. Prospering in dynamically-competitive environments: Organizational capability as knowledge integration [J]. Organization Science, 1996, 7 (4): 375 – 387.

[15] Griffith, T. L., Sawyer, J. E. Virtualness knowledge in teams: Managing the love triangle of organizations, individuals, and information technology [J]. MIS Quarterly, 2003, 27 (2): 265 – 287.

[16] Hagedoorn, J., Cloodt, M. Measuring innovative performance: Is there an advantage in using multiple indicators? [J] Research Policy, 2003 (32): 1365 – 1379.

[17] Hamel, G., Labara, P. Dispatches from the front lines of management innovation [J]. McKinsey Quarterly, 2011 (1): 118 – 123.

[18] Henderson, R. M., Clark, K. B. Architectural innovation: The reconfiguration of existing product technologies and the failure of established firms [J]. Administrative Science Quarterly, 1990, 35 (1): 9 – 30.

[19] Heninger, W. G., Dennis, A. R., Hilmer, K. M. Individual cog-

nition and dual-task interference in group support systems [J]. Information Systems Research, 2006, 17 (4): 415 - 424.

[20] Hofstede, G. Culture's Consequence [M]. S. Sage Publication, 1980.

[21] Inkpen, A. C. , Tsang, E. W. Social capital, networks, and knowledge transfer [J]. Academic of Management Review, 2005, 30 (1): 146 - 165.

[22] Jarvenpaa, S. L. , Leidner, D. E. Communication and trust in global virtual teams [J]. Organization Science, 1999, 10 (6): 791 - 815.

[23] Jarvenpaa, S. L. , Shaw, T. R. , Staples, D. S. Contextualized theories of trust in global virtual teams [J]. InformationSystems Research, 2004, 15 (3): 250 - 267.

[24] Kanawattanachai, P. , Yoo, Y. Dynamic nature of trust in virtual teams [J]. Journal of Strategic Information Systems, 2002, 11 (3): 187 - 213.

[25] Lin, N. Social Capital: A theory of social structure and action [M]. Cambridge: Cambridge University Press, 2001.

[26] Lin, N. Social resources and instrumental action. Marsendp, Lin, N. Social structure and network analysis [M]. Beverly Hills, CA: Sage Publications Inc. 1982: 131 - 145.

[27] Lipnack, J. , Stamps J. Virtual teams: Reaching across space, time and organizations with technology [M]. New York: John Wiley & Sons, Inc, 1997.

[28] Lipnack, J. , Stamps, J. Virtual teams: The new way to work [J]. Strategy and Leadership, 1999, 27 (1): 14 - 19.

[29] Loury, G. C. Intergeneration transfer and the distribution of earnings [J]. Econometrical, 1997: 176 - 179.

[30] Lurey, J. , Raisinghani, M. S. An empirical study of best practices

in virtual teams [J]. Informationand Management, 2001, 38 (8): 523 – 544.

[31] Majchrzak, A., Malhotra, A., John, R. Perceived individual collaboration know-how development through information technology-enabled contextualization: Evidence from distributed teams [J]. Information Systems Research, 2005, 16 (1): 9 – 27.

[32] McDonoug, E. F., Kahn, K. B., Barczak, G. An investigation of the use of global virtual and collocated new product development teams [J]. The Journal of Product Innovation Management, 2001, 18 (2): 110 – 120.

[33] Meyerson, D., Weick, K. E., Kramer, R. M. Swift trust and temporary groups. In: Kramer, R. M., Tyler, T. R. (eds) Trust in organizations: Frontiers of theory and research [M]. Sage, Thousand Oaks, 1996: 166 – 195.

[34] Moran, P. Structure VS relational embeddness: Social capital and managerial performance [J]. Strategic Management Journal, 2005 (26): 1129 – 1151.

[35] Mowshowitz, A. "Virtual organization" communication [J]. ACM, 1997, 40 (9): 30 – 37.

[36] O'Leary, M. B., Cummings, J. N. The spatial, temporal, and configurational characteristics of geographic dispersion in teams [J]. MIS Quarterly, 2007, 31 (3): 433 – 452.

[37] Powell, A., G. Piccoli, B. Ives. Virtual teams: A review of current literature and directions for future research [J]. The Data Base for Advances in Information Systems, 2004, 35 (1): 6 – 36.

[38] Putnam, R. D. Making democracy work: Civic traditions in modern Italy [M]. Princeton: Princeton University Press, 1993: 167.

[39] Rajeev, B., Timothy, M. D., Madan, M. P. A formal model of trust basedon outcomes [J]. Academy of Management Review, 1998, 23

（3）：459 – 472.

[40] Robert, L. P. , Dennis, A. P. , Ahuja, M. K. Social capital and knowledge integration in digitally enabled teams [J]. Information systems Research, 2008, 19（3）：314 – 334.

[41] Scott, S. G. , Einstein, W. O. Strategic performance appraisal in team-based organizations: One size does not fit all [J]. Academy of Management Executive, 2001, 15（2）：107 – 116.

[42] Shneiderman, B. Creating creativity: User interfaces for supporting innovation [J]. ACM Transactions on Computer – Human Interaction, 2000, 7（1）：114 – 138.

[43] Staples, D. S. , Webster, J. Exploring the effects of trust, task interdependence and virtualness on knowledge sharing in teams [J]. Information Systems Journal, 2008, 18（6）：617 – 640.

[44] Suchan, J. , Hayzak, G. The communication characteristics of virtual teams: a case study [J]. IEEE Transactions on Professional Communication, 2001, 44（3）：174 – 186.

[45] Tidd, J. Development of novel product through intra-organizational and inter-organizational networks: The case of home automation [J]. The Journal of Product Innovation Management, 1995（12）：307 – 322.

[46] Tiwana, A. , McLean, E. R. Expertise integration and creativity in information systems development [J]. Journal of Management Information Systems, 2000, 22（1）：13 – 43.

[47] Vincent, D. Research and development activities and innovative performance of firms in Luxembourg [J]. International Conference on Technology Management, 1999（18）：731 – 744.

[48] Yoo, Y. , Alavi, M. Media and group cohesion: Relative influences on social presence, task participation, and group consensus [J]. MIS Quarterly, 2001, 25（3）：371 – 390.

［49］曾明彬，杨建梅．社会网络对珠三角管理咨询业创新绩效影响之研究［J］．管理学家（学术版），2011（1）：25-39.

［50］杜静．基于知识整合的企业技术能力提升的机理和模式研究［D］．杭州：浙江大学硕士学位论文，2004.

［51］方世煌．虚拟团队之团队结构、团队运作与知识分享相关性之研究［D］．高雄：台湾中山大学硕士学位论文，2004.

［52］高闯，郭斌．嵌入"礼"文化思想的中国组织社会资本分析［J］．经济与管理研究，2011（7）：82-91.

［53］龚志周，王重鸣．虚拟团队理论研究及其发展趋势［J］．心理科学，2004（2）：496-498.

［54］黄敏萍．跨功能任务团队之结构与效能——任务特性与社会网络之影响［J］．台北：台湾大学博士学位论文，2000.

［55］柯江林，孙健敏，石金涛等．企业 R & D 团队之社会资本与团队效能关系的实证研究［J］．管理世界，2007（3）：89-101.

［56］柯江林．团队社会资本的维度开发及结构检验研究［J］．社会科学研究，2007（10）：935-941.

［57］李震华．资讯科技对创意活动支援之研究——以锚点理论与完形理论为基础［D］．台北：台湾政治大学博士学位论文，2009.

［58］梁定澎．资讯管理研究方法总论［J］．资讯管理学报，1997（1）：1-6.

［59］罗岭，王娟茹．基于梯形模糊数和 α-截集的虚拟团队知识共享能力评价［J］．现代制造工程，2013（2）：25-31.

［60］罗双平．未来的企业组织：虚拟团队［J］．中国人才，1999（9）：17-18.

［61］芮明杰．再论 21 世纪企业新管理［J］．上海财经大学学报，2006，8（2）：41-48.

［62］王凤仪．新科技对小团体决策之影响：从电脑中介传播谈起［D］．新竹：台湾交通大学硕士学位论文，1999.

［63］王建忠．团队领导与团队效能：团队内互动的中介效果［J］．
台北：台湾大学硕士学位论文，2001.

［64］王佑中．团队虚拟化程度、团队内互动与团队效能之关系研究
［D］．台中：中兴大学硕士学位论文，2004.

［65］肖伟，赵嵩正．虚拟团队沟通行为分析与媒体选择策略［J］．
科研管理，2005，26（6）：56－60.

［66］许庆瑞，郑刚，陈劲．全面创新管理：创新管理新范式初探——
理论溯源与框架［J］．管理学报，2006（2）：135－142.

［67］杨学勤，林凤．论企业的知识整合［J］．中国科技信息，2006
（3）：94.

［68］杨缨．信任视角下社会资本的界定、测度与验证［M］．北京：
经济科学出版社，2014.

［69］张喜征．基于强联系的创新性虚拟项目团队知识整合研究［J］．
情报杂志，2005，11：8－10.

［70］赵丽梅．面向知识创新的高校科研团队内部知识整合研究［D］．
哈尔滨：哈尔滨工业大学博士学位论文，2013.

［71］郑小勇，楼鞅．科研团队创新绩效的影响因素及其作用机理研
究［J］．科学学研究，2009，27（9）：1428－1438.

［72］周希炯．知识管理中知识转换能力与企业创新绩效研究［D］．
上海：复旦大学博士学位论文，2009.

［73］朱国宏．经济社会学［M］．上海：复旦大学出版社，1999：
84－85.

第二章

文 献 综 述

第一节 信息技术与虚拟团队

一、信息技术与团队协作

早期的相关研究主要关注如何通过计算机技术来增强合作和协作能力，也就是如何通过信息技术媒介实现团队水平的即时或者非即时的沟通和协作（Iansiti & Clark，1994）。代表性的观点有：合作型信息技术为解决信息损失问题提供了良好的技术支撑（Majchrzak，Malhotra & John，2005），知识管理系统可以直接解决虚拟团队知识整合过程中的交易记忆约束、相互理解不足、情景知识失效以及组织联系失灵四种问题，从而直接促进知识整合（Alavi & Tiwana，1996）。此方面的研究最近开始关注如何通过物理流动性来实现嵌入型的计算支持（何郁冰和陈劲，2009）。

二、电子媒介与虚拟沟通

相关的研究通常使用社会网络观点来检验计算机媒介沟通的社会现

象，这些研究表明，通过电子连带所形成的关系网络对于理解知识共享行为是至关重要的（张庆普和单伟，2004）。学者进一步研究了如何利用电子媒体创造更为社会化的因素，进而促进知识整合（甘露和曾德明，2006）。但现有研究的不足在于，仅仅将信息技术看作为联结社会互动者之间关系的沟通媒介。因此，本书试图延伸这一研究思路，不是简单地将信息技术作为研究背景进行考虑，而是从社会—技术网络视角深入地分析信息技术本身所具有的能力及其作为内生变量对研究结果的影响。

三、信息技术与智力嵌入

相关的研究主要关注如何通过多种方式来构建针对高度相互依赖任务的协作机制（Nonakai & Takeuchih，1995），认为这些协作机制在协作范围、协作形式上具有高度的柔性和可协商性。而信息技术改变了传统的面对面的协作实践（Majchrzak，Malhotra & John，2005），因而通过使用信息技术可以促进新形式的协作以及智力嵌入（汪应洛和李勖，2002）。但现有研究较少关注多模式信息互动对于分布式系统的影响，而最近的一些研究认为这些协作机制是相互增强的。

第二节　虚拟团队社会资本

一、信息技术情境下的虚拟社会资本

社会资本研究被引入管理学可追溯到 20 世纪 90 年代。汉迪（Handyd，1995）认为沟通中能不能承诺对其他成员及时回应是制约虚拟团队社会资本的重要因素，虚拟团队所严重依赖的沟通机制也是导致团队中产生

信任或不信任的主要原因（Lipnack & Stamps，2006）。虚拟团队模糊了组织边界，建立在信息技术的交流平台上，虚拟团队成员之间的交流偏向于清晰明了、简洁迅速，沟通的虚拟特性给虚拟团队管理带来了新的挑战。在虚拟团队组建初期，团队成员并没有接触，所产生的迅捷信任（swift trust）（Jarvenpaa & Leidner，1999）必然是一般信任。王重鸣和邓靖松（2005）研究了虚拟团队中沟通模式对于团队信任和绩效的作用，发现团队的信任和绩效水平在网络式的沟通模式最高，其次是层级模式，而序列模式中的团队信任和绩效水平最低。学者也对社会资本维度进行了研究，其中，以纳比特和戈沙尔（Nahapiet & Ghoshal，1998）提出的关系维、结构维和认知维的三个维度划分框架最为典型，蔡（Tsai）和戈沙尔（1998）进一步将这三个维度具体划分为社会相互作用联结、信任、可信赖和共同愿景。本研究拟沿用上述有关社会资本三个维度的分析框架。

二、中国文化情境下的虚拟社会资本

社会资本可分为情感性、工具性和混合性三类社会资本。其中，情感性（非工具性）社会资本是为满足情感需要或基于情感而建立的"横向"社会资本或行为，工具性社会资本是为谋取各种利益而建立的"纵向"社会资本或行为，而混合性社会资本则是以人情和面子而影响他人的社会资本或行为，包括亲戚、邻居、师生、同学、同事或同乡等关系（林国灿，1998；黄光国等，2006）。杨宜音（1995）从动态演化的视角，将社会资本分为先赋性和获致性社会资本，认为先赋性社会资本以血缘和地缘基础，而获致性社会资本则是通过人际交往而发展而来的社会资本（左斌，1993）。

与西方文化强调自我和自我独立意识不同，中国文化强调个人在特定关系网络中的位置和针对"圈子"中因人而异的不同态度和行为。"差序格局"和"圈子"是分析中国传统社会资本关系结构的基本概念，费孝通（1985）的"差序格局"模式认为，中国社会的人际关系呈现出一种"以己为中心"的"圈子"、由近及远的"差序格局"，是"以人伦为经，以亲疏为纬"的人际网络和圈子（左斌，1993）。这种圈子由前置的人缘、血缘和伦理而衍生的人情以及人际规范秩序的人伦而构成（翟学伟，1993）。而这种差序格局则隐含着亲缘关系和准亲缘关系的本质（杨宜音，1995）。高闯和郭斌（2010）对中国组织的社会资本的结构维度、关系维度及认知维度进行了定义，认为中国组织的社会资本表现为以中国独特的"礼"文化为根基、"家"为中心和"己"为中心的特征。杨缨（2014）认为，在中国这种有着和合尚同、崇尚平等传统的文化环境中，特别容易形成这种道德主义信任。人情包含人的情感、社会互动中的人际资源交换、人际交往遵循的规范准则三个方面，中国人的社会互动和人际交往中，人情的意义、机制和作用均重于理（李伟民，1996）。

"脸面"是诠释中国社会情感性和工具性社会资本的概念之一（翟学伟，1991），是中国人际中的规范控制、心理满足与平衡、象征符号、社会交换等准则和符号（翟学伟，1993）。"脸面"依赖性是通过社会交换或个人系统两种行为模式、由互动对方或观众赋予而形成的社会资本或人情（翟学伟，1991）。其中，"脸"是中国人通过印象修饰和角色扮演以使自己在他人心目中有良好形象，代表个人在履行道德规范而获得的名誉（左斌，1993）。而"面子"则是中国人在社会互动中希望自己在他人心目中应有的心理地位，如自尊、荣誉、虚荣、表面工作及表面上的体面等（孔维民，1993），面子代表个人因社会认可的成就而获得的声望和社会地位。左斌（1993）进一步研究指出，一个人的"面子"和"脸"常常分裂。

综观文献，相关的研究大多从西方社会文化情境为背景来研究，而以中国独特的儒家关系文化情境为背景的研究较少。中国独有的历史文化和交往、信任方式与中国得天独厚的自然社会条件相结合，长期以来为中国人积累下了丰厚的社会资本与人力资本，奠定了中国长期、不间断地领先于世界的人文。与西方文化自我和独立意识不同，中国是典型的儒家关系文化，具有关系取向、和谐导向以及高语境沟通等文化特点，增加了其组织团队的复杂性。相对于西方的"团体格局"，中国人是"差序格局"（费孝通，1948），不易形成一般信任（罗家德和叶勇助，2007）。据此，可以将中国文化情境下的虚拟团队社会资本定义为，一种嵌入在中国关系社会和人情社会情境因素影响下的、以信息技术为基础的虚拟团队关系网中的资源交换能力。

第三节　虚拟团队知识整合

一、知识整合

知识整合机制包括指示（directives）、组织常规（organizational routines）和团队（teams）。网络嵌入性通过提供组织间知识交换的渠道，降低了组织学习的风险，进而促进了组织学习（Uzzi，2003）。而且，不同类型的嵌入性所具有的这种知识转移能力会影响组织学习的效果（Granovetter，2005）。学者们先后提出了所谓"弱联结的力量"和"强联结的力量"的思想。格兰诺维特（2005）认为，弱联结能给行为者带来较高的搜索利益（search benefits），能以更低的成本实现新的已解码的知识获取和转移；而加尔朱洛等（Gargiulo et al.，2009）则认为，强联结的双方往往有持续的双向沟通，这些因素促进了复杂性知识的转移。随后的研究表明，嵌入性与组织学习之间存在匹配关系，即联结的类型与组织学习的类型之间存在耦合关系。例如，彭（Peng，2009）的研究表明，强联结有助于利用性学习，而弱联结有助于探索性学习；伍兹（Uzzi，2003）的研究表明，嵌入性联结有助于个人知识的转移，进而对探索性学习起到促进作用，而相比于嵌入性的联结，保持距离的联结有助于公共知识的转移，进而对利用性学习具有促进作用。

知识整合对于团队绩效具有非常重要的作用，团队最重要的能力在于知识的整合能力（Grant，1996）。对于高度不确定性的复杂任务，只有团队才可能比较好地完成知识整合（Robert，Dennis & Ahuja，2008）。但大量的实证证明，传统团队知识整合问题非常突出（Robert，Dennis & Ahuja，2008；Du，2004；Bhandar & Pan，2007；Heninger，Dennis & Hilmer，2006）。知识整合是团队成员将来自团队其他成员的分散的、组件性知识转变为满足应用需要的结构性知识的过程（Iansiti & Clark，1994），除了包括知识共享和知识应用两个过程外，还包括知识贡献。对于虚拟团队而言，由于缺乏必要的监督，团队成员知识贡献积极性缺乏，而知识贡献是知识共享和应用的前提，因此本研究将知识贡献也纳入到虚拟团队知识整合的内涵之中。

二、虚拟团队知识整合

知识管理问题是虚拟团队的研究中的一个重要分支。学者进行了大量的知识整合能力（Boer，1999）、组织学习（Sinkula，2007）、战略柔性（Katsuhiko，2004）、知识源化战略（付敬、朱桂龙，2014）和组织氛围（Bock，2005）等方面的研究。李金华和孙东川（2006）认为，企业创新网络由主体间各种正式关系和非正式关系交织而成，创新主体是为适应创新复杂性的一种组织涌现；徐二明、徐凯（2012）认为，联盟中的资源互补能够提高联盟的财务绩效与创新。此外，知识整合能力（谢洪明、吴溯和王现彪，2008；陈钰芬、陈劲，2012）、组织学习（徐二明、陈茵，2009）等对创新绩效的影响，也引起了国内一大批学者的关注。随着信息技术的发展，在计算机媒介沟通领域中，如何使用高级信息技术实现合作和知识整合成为研究的重点内容（Yoo & Alavi，2001）。格兰特（Grant，1996）认为，团队最重要的能力就是知识的整合能力。虚拟团队除了面临传统团队知识整合的同样困难外，还面临由于采用电子媒体所造成的社会化因素缺失以及虚拟沟通过程所造成的信息损失障碍问题（Desanctis，1994；Burke，1999；Dennis，2001；Robert，2008；肖伟和赵嵩正，2005），这些损失来自于成员个体、人际之间以及团队三个层面（Robert，Dennis & Ahuja，2008）。

现有研究表明，社会化的活动将有助于知识整合（Inkpen & Tsang，2005），但对于虚拟团队而言，跨地域特性使得面对面沟通机会减少，因此社会化因素缺失成为虚拟团队知识整合的一个重要障碍（Burke & Chidambaram，1999；肖伟和赵嵩正，2005；DeSanctis，Poole，1994；Dennis & Wixon，2001）。虽然社会化因素侧重于解决知识整合过程中团队成员知识贡献、共享的意愿问题，但无法处理好信息损失问题。而且，社会化因素缺失以及虚拟沟通的信息损失问题不是单纯依靠某一种单一方式所能解决的。研究表明，即便是传统团队也会面临较大的信息损失问题（Majchrzak & Malhotra，2005），而信息技术可为解决信息损失问题提供良好的技术支撑。迈赫扎克和马尔霍特拉（Majchrzak & Malhotra，2005）、甘露和曾德明（2006）研究了如何利用电子媒体创造更为社会化的因素从而促进知识整合。阿拉维和塔瓦纳（Alavi & Tiwana，1996）在分析虚拟团队相对于传统团队知识整合障碍的基础上，提出了建立虚拟团队知识管理系统来促进知识整合的方法。

可以看出，现有研究为本研究提供了一定的研究基础，但现有研究对于信息技术虚拟团队知识整合的问题不够深入。虽然信息技术为虚拟团队提供了超越空间和时间界限的可能，能提供团队成员之间诸如跨时空的即时沟通和协调能力，但却更进一步地加深了虚拟团队本已经存在的隐性知识整合问题。基于此，本研究将综合以上两种研究思路，在发展虚拟团队社会资本内涵的基础上，关注信息技术如何影响虚拟团队知识整合，探索如何通过协作机制的完善，进而研究如何通过社会资本发展与知识管理系统良性互动机制来促进虚拟团队知识整合的机理。

第四节 虚拟团队社会资本与创新绩效关系

一、社会网络与创新绩效的关系

大多数研究者认为，创新网络特征对创新绩效具有重要的影响，创新网络内组织的动态能力能够适应环境的变化，从而获得持久的竞争优势（Antonio，2007；Thomas，2003）。阿吉雷（Aguirre，2001）、考恩（Cowan，2004）、布洛姆等（Bloom et al.，2014）基于复杂网络，研究了网络结构与知识扩散、知识增长之间的关系。知识具有"非排他性""流动性"和"扩散性"，学者普遍支持嵌入程度与创新绩效存在正相关的观点，认为强联系能够有效地促进彼此的信任与深度合作，进而获得更多高质量信息和缄默知识（Krackthardt & Stem，1998；Flap & Volkel，2004）。伍兹（Uzzi，1996）对纽约服装产业、徐（Hsu，1997）对台湾新竹高技术企业、魏江（2003）对杭州市软件产业集群等的实证研究，也支持了关系强度对知识整合有正向作用的结论。然而，格兰诺维特（Granovetter，1973）却指出，弱联结关注互动内容的宽广度，有助于增加网络关系的动态性与灵活性、传递新鲜知识及避免信息冗余。强联结关注互动内容的深入度，虽然有助于提升效率，却易产生网络惰性及锁定（Kraatz，1998）。学者由此提出了"嵌入性悖论"的思想，即嵌入性不足可能导致交易效率的下降，而过度嵌入化却可能限制行动者的视野，中间状态才是网络关系嵌入性的理想强度（Uzzi，1997）。

大多研究者也视嵌入性为创新绩效的作用方式，认为嵌入性与创新绩效间是基于情境的权变关系。嵌入性的"网络规模"大小意味着嵌入主体可以获取的网络资源的丰裕程度（Allen，2000；Boase & Wellman，2004），"网络规模"是否正向影响创新绩效，受到情境因素的影响（陈继勇、雷欣和黄开琢，2010；任丽丽、王景文和管军，2015）。此类研究集中于对"临近性（proximity）"与创新绩效之间的权变关系的研究。临近性分为地理临近性、社会临近性、制度临近性、组织临近性以及认知临近性等。所谓地理临近性，是指嵌入双方在地理上的距离。通过选择较高地理临近性的伙伴，企业可以实现知识搜索和转移的效率优势，使得互动式学习较为容易（Oerlemans & Meeus，2005；陈傲、柳卸林和程鹏，2011；Tope & Rallet，2005）。但是，地理临近性过高也可能会带来套牢的问题（Boschma，2005），在社会临近性、制度临近性、组织临近性以及认知临近性与创新绩效关系的研究中（Hansen，1999；Boschma，2005；Oerlemans & Meeus，2005；Tope & Rallet，2005；Capello & Faggian，2005；Jan & Jan – Erik，2003；夏丽娟、谢富纪，2014），也得到了大致相同的结论。

二、社会资本与虚拟团队创新绩效的关系

现有研究表明，开放的沟通环境、团队成员的合作精神及信任能有效促进创新（Garcı'a & Jose' Sanzo，2008），高层管理团队的社会资本是企业多边研发联盟成功的关键之一（Li，2013），社会资本正向影响企业的学习及技术创新绩效（张鹏，2009）。莫兰（Moran，2005）的研究结果表明，相对于结构嵌入而言，关系嵌入对产品和流程创新绩效的影响更强。然而，由于虚拟团队对电子沟通模式的较多依赖，必要的面对面沟通相对缺少，而且与传统团队相比，虚拟团队成员之间的联系较弱（McDonoug，Kahn & Barczak，2001），因此这不利于虚拟团队凝聚力的提高，也导致成员不能像传统团队一样有充足的时间去发展社会资本。

尽管虚拟团队在起始阶段的凝聚力会较低，但随着虚拟团队成员交换的社交信息越来越多，也能够形成较强的凝聚力（Burke & Chidambaram，1999）。具体而言，虽然与传统团队相比，虚拟团队更多是任务导向而较

少社会情感导向，但是随着时间的推移，虚拟团队的任务导向将明显减弱，而情感导向将明显加强（Warkentin & Beranek，1999）。而且，早期的面对面沟通应关注于成员关系的建立，因为早期的面对面沟通、面对面会议、沟通培训等良好的沟通支持系统，有助于形成成员之间的亲密关系、增强团队成员的社会情感发展，最终发展成为一个高信任度的团队（Warkentin & Beranek，1999）。

萨卡尔和萨赫（Sarker & Sahay，2002）的进一步研究指出，不同文化的团队成员之间的社交沟通和定期的全体成员座谈会等有助于团队成员建立良好的关系。高水平信任的虚拟团队具有可预测的沟通模式、充分的反馈和积极的领导，能够处理技术的不确定性（Jarvenpaa & Lei-dner，1999）。当面对面沟通不可行时，互换社交信息也可促进建立关系的建立以及更多的社交信息互换，也能使团队获得较高的信任和更好的社会情感关系（Savicki，Kelley & Lingenfelter，1996）。虽然虚拟团队有可能形成较高的信任，但虚拟团队遵循的是迅捷信任模式而非传统的信任模式。由于时空的分散性及合作的短期性，在缺乏面对面沟通的情况下虚拟团队成员很难对信任做出评估，因此信任必须迅速形成（Mc-Donoug，Kahn & Barczak，2001），这种信任被称之为迅捷信任。所谓迅捷信任是指当没有足够的时间建立信任时，成员认为其他人都是可信任的，并在好像信任已经存在的情况下开始工作，同时在项目期间试图寻找证实或非证实的证据。

第五节　虚拟团队社会资本与知识整合关系

一、企业社会资本与知识整合的关系

社会关系与知识整合理论有天然的耦合性，社会资本是知识整合的一个关键的机制（Grant，1996）。社会关系对于知识整合的作用已经引起各个领域的关注（Kanawattanachai & Yoo，2007），此领域的早期研究以企业层面研究为主，认为在不断变化的市场环境中，企业的获利有赖于其所掌握的资源与能力优势，而这种优势根源于企业内部知识的整合。学界普遍认为，网络嵌入性是影响组织绩效的重要因素之一（Andersson & Forsgren，2002），但在网络嵌入性到底如何影响企业绩效的问题上，仍然存在较大的争议（陈琦，2010）。早期的研究者（Granovetter，1985；Lin & Ensel，1981）认为网络嵌入性对绩效具有正向作用；而后的研究（Antonio，2007）则表明嵌入性与绩效存在负向影响；与此同时，伍兹（1999）的研究表明，网络嵌入性与绩效之间存在倒 U 型的关系，即所谓的"嵌入性悖论"。后续的研究者认为"嵌入性悖论"产生的原因在于，早期的研究忽视了情境因素对网络嵌入性与绩效间关系的影响（Swift & Hwang，2013）。基于此，新近的研究已越来越关注情境因素对二者关系的调节与干扰作用（Gilsing & Nooteboom，2008；Gilsing & Duysters，2008）。

网络嵌入性通过提供组织间知识交换的渠道，降低了组织学习的风险，进而促进了组织学习（Uzzi，2003）。而且，不同类型的嵌入性所具有的这种知识转移能力会影响组织学习的效果（Granovetter，2005）。学者们针对网络嵌入性与绩效之间的关系问题，先后提出了"弱联结的力量"和"强联结的力量"的思想，格兰诺维特（Granovetter，2005）认为，弱联结能给行为者带来较高的搜索利益（search benefits），能以更低的成本实现新的已解码的知识获取和转移；而加尔朱洛等（2009）却认为，强联结的双方往往有持续的双向沟通，这些因素促进了复杂性知识的转移。随后的研究表明，嵌入性与组织学习之间存在匹配关系，即联结的类型与组织学习的类型之间存在耦合关系，如彭（2009）的研究表明，强联结有助于利用性学习，而弱联结有助于探索性学习；又如，伍兹（2003）的研究表明，嵌入性联结有助于个人知识的转移，进而对探索性学习起到促进作用，而相比于嵌入性的联结，保持距离的联结有助于公共知识的转移，进而对利用性学习有促进作用。

在知识整合与社会关系的企业层面研究中，学者对于社会资本与知识整合的积极影响关系已基本达成共识（Oh，Chung & Labianca，2006），社会资本被认为是知识整合的促进器（Nahapiet，1998）。丽亚娜（Leana，1999）认为，社会资本网络"粘合"特征是其对知识整合影响的重要基础，成员之间的信赖关系有助于其知识的整合与交换。具体而言，社会资本能促进信息与知识交流，进而有助于资源的获取，而且显性知识整合对开发绩效具有显著影响（Patnayakuni，Ruppel & Rai，2006），信任是促进个体知识流通与融合的关键性因素（Uzzi，1996）。这方面的研究也引起了国内学者的关注。例如，周小虎和陈传明（2004）认为，关系性资本（如信任、规范、义务等）能促进行动者产生合作动机，从而有助于知识创造；认知性资本（如共同的语言、符号和共有故事等）能促进彼此协作，从而影响企业整合知识。冯立波（2010）的研究验证了内部社会资本正向地影响企业内部知识的搜寻，谢洪明等（2008）、孙永风等（2008）也验证了我国企业内部社会资本与知识整合之间存在正相关的关系。

二、团队社会资本与知识整合的关系

早期的相关研究聚焦于企业层面，但近年来团队层面的研究受到越来越多的关注，学者认为绩效的提高可通过团队内部社会资本形成的凝聚力，对资源交换效率与知识共享产生促进作用（Adler & Kwon，2002），包括团队成员之间的互动模式在内的社会资本结构直接影响社会成员获得知识的情况与过程。进一步研究表明，社会资本的低网络密度结构会使团队知识呈现出零星的分布状态，因而知识转移与整合需要借由中介人（broker）来将零星知识联结起来，但在此过程中，中介人会对知识进行自愿或非自愿的过滤或扭曲，从而会对团队知识整合造成负面影响。社会互动可分为中心化（centralized）或非中心化（decentralized）两种模式，其中，中心化互动模式意味着需要通过团队的中心成员对信息进行传递与分配，因而更有可能出现在低网络密度的社会资本结构之中；反之，非中心化互动模式意味着团队知识的平均分配。因此，对于大多数复杂任务而言，中心化资本结构在其知识整合方面的效率会降低，而非中心化社会资本结构则有助于促进其知识整合。

按社会资本联结的内容（content）可将其联结分为工具性（instrumental）联结和感情性（expressive）联结，也会直接或间接地影响团队知识整合。工具性联结出现在正式的人际关系（如上下级关系）之中，主要为传递完成团队任务所需要或涉及的知识，因而其对知识整合可能会产生直接的影响。而情感性联结指成员之间的情感性互动，其包含的有益于社会化的因素虽不一定直接影响知识整合，却可以增进团队信任和凝聚力，也将对知识整合产生间接的影响。比如，友谊（friendship）和社会支持（social support）就可能包含了很多有益于社会化的因素，从而能产生更高程度的团队信任。换言之，情感性联结可能使团队的成员之间产生更深厚的友谊或更多的社会支持，因此也就会更有益于产生高水平的信任。反之，低工具性社会资本意味着团队成员之间缺少与工作相关的交流和沟通，因而会使团队成员难以进行隐性知识的充分转移（Rulke & Galaskiewicz，2000）。

三、虚拟团队社会资本与知识整合的关系

在知识整合与社会关系的团队层面研究中，学者普遍认为团队最重要的能力是知识整合能力，而虚拟团队最重要的资源就是成员知识（Dennis，1996）。对高绩效的虚拟团队而言，团队成员不仅要综合已有知识，更要使用已有知识来产生新知识，从而创造性地解决问题。遵循这一思路，班达里和潘（Bhandar & Pan，2007）对四个组织的信息系统项目团队的案例进行了分析，研究表明在合作信息系统下，项目团队的社会资本可以促进知识整合。相比传统团队而言，虚拟团队最大的优势就是知识的

共享便捷性，因而虚拟团队更有利于实现知识的再造与溢出。罗伯特和丹尼斯（Robert & Dennis，2008）通过对虚拟团队的实验研究发现，社会资本可以通过提高虚拟团队知识整合来降低电子媒体的负面影响。谢里夫（Sherif，2008）则认为知识管理系统并非直接作用于知识整合，而是通过促进团队社会资本发展来促进知识整合。张喜征（2005）提出了基于强联系的创新性虚拟项目团队知识整合机制，认为可以通过建立虚拟团队"导师—学徒"型结对工作模型提供强联系人际关系网络来实现创新性知识整合。

虽然知识整合对虚拟团队绩效很重要，但现有研究同时发现许多虚拟团队并不能很好地整合知识（Stasser & Stewart，1992），也就是说，不存在一个确定性机制能将虚拟团队中的零星分散的个体组件性知识集结成综合的组织知识（Newell，Swan & Galliers，2000）。虚拟团队表现出交易记忆约束、相互理解不足、情景知识失效以及组织联系失灵四种问题，均会制约着虚拟团队的知识整合（Alavi & Tiwana，2002）。有学者认为知识管理系统可以直接解决虚拟团队知识整合中的上述问题，但也有学者认为知识管理系统并非直接作用于知识整合，而是通过促进团队社会资本发展的基础上，间接地促进其知识整合（Alavi & Tiwana，1996）。换言之，只有通过一定的知识共享、知识利用和知识合作等社会互动过程，才能将个体组件性知识整合成为团队集成知识（Reus & Liu，2004）。而崔（Choi，2010）则认为，信息技术及交互记忆系统支持下的知识共享和应用能提升组织绩效。

综观文献，无论是企业层面还是团队层面，都较少将信息技术的社会资本对知识整合的影响进行研究。但信息技术对社会资本本身会产生重要的影响和改变，在此情境下的社会资本与知识整合之间的关系也会产生新的变化，同时信息技术本身所具有的差异化的能力对社会资本、知识整合也具有重要的影响，这些都是具有重要研究意义的科学问题。

第六节　虚拟团队知识整合在社会资本与创新绩效关系中的作用

一、团队知识整合在社会资本与创新绩效关系中的作用

知识整合对团队绩效有正向的影响（Stasser & Stewart，1992），其前提是团队成员可以获得所有相关知识以解决团队任务。成员需要对知识进行综合判断、共享和使用，才能达成理想的团队绩效（Tiwana & McLean，2000）。而且，知识整合可以降低信息技术的缺陷（Tiwana & McLean，2000），在试图解决需要成员相互协作的复杂任务的情况下，更是如此（Okhuysen & Eisenhardt，2002）。知识整合对创新绩效的作用主要包括直接作用或中介作用，知识整合的中介作用已达成了普遍的共识。例如，蔡和戈沙尔（1998）认为，社会资本不能直接影响组织创新绩效，社会资本是借由中介作用机制影响组织创新绩效，即通过组织内不同部门间的信息或知识资源的交互整合机制间接影响组织创新绩效。

德哈纳拉（Dhanaraj，2004）和蔡（2006）在社会资本对创新绩效的直接作用研究的基础上，验证了知识获取与吸收能力的中介作用。蔡（2006）认为，关系嵌入和结构嵌入既对创新绩效具有直接的显著影响，也可通过的吸收能力间接影响创新绩效。潘文安（2012）认为，知识整合在社会资本的关系强度与知识转移流程中的发挥了中介效用。柯江林和孙健敏（2007）以知识分享和知识整合为中介变量验证了企业研发团队社会资本对团队效能的关系，结果表明，知识整合对研发团队效能具有显著的正效应，知识的分享、处理及整合在团队社会资本与团队效能关系中扮演了完全中介的功能。

二、虚拟团队知识整合在社会资本与创新绩效关系中的作用

马丁斯（Martins，2004）认为，团队虚拟效能包括 33 个情感结果和 46 个任务绩效指标。相对传统团队而言，虚拟团队最大的优势来源于任务知识的共享，从而知识管理成为实现虚拟团队高绩效的一条有效的途径。随着研究的进一步深入，在研究方法上不能仅停留在含义概括以及个人反思，要有所突破和超越（王重鸣和唐宁玉，2006）。基于此，耶尔米（Jermy，1998）以团队性能和成员满意度来测量虚拟团队绩效，认为团队过程、成员关系与绩效呈现显著的相关关系，工作规程、领导方式与团队绩效为中等相关关系，而其他因素与团队绩效则是弱相关关系。安妮（Anne，2000）将组织承诺划分为规范承诺及感情承诺，实证分析表明认为工作流程、任务偏好和集体主义与组织承诺间存在正相关关系，而任务能力、个性等与组织承诺间不存在相关关系。宋源（2012）对虚拟团队合作行为、冲突行为、主动行为影响团队创新的实证研究发现，冲突行为与主动行为均正向影响虚拟团队创新。

相对传统团队而言，虚拟团队成员面对面沟通机会不多，影响员工归属感与忠诚度以及团队凝聚力与承诺，进而影响虚拟团队绩效。吕雷和莱辛哈尼（Lurey & Raisinghani，2001）提出了虚拟团队的效能模型，认为输入因素包括组织、任务、情景和技术等，并认为技术与沟通对团队效能具有显著的影响。伯纳德（Bernard，2000）的研究表明，虚拟团队成立之初，如果能使用适当的对话技术，则有助于成员理解各自的想法和增强成员之间的人际关系，也将对后期的沟通交流、团队协作和团队凝聚力及绩效具有显著的影响。邓靖松和刘小平（2005）认为，虚拟团队绩效的影响因素包括团队内在驱动力与团队外在支持，其中内在因素是提升团队效能的本质，而外在因素是促进团队效能的充分条件。王重鸣和邓靖松（2005）的实验研究表明，沟通的模式对信任和绩效均具有显著的影响，其中网络式沟通对虚拟团队最合适。马硕、杨东涛和陈礼林（2011）验

证了凝聚力影响虚拟团队绩效，而且沟通在凝聚力与绩效的关系中起到了调节作用。

第七节 研究现状评析及研究机会

一、研究现状总结

虚拟团队是通过信息技术将不同地理位置、不同组织、不同文化的员工整合在一起来完成特定工作任务的团队（Griffith & Sawyer，2003）。随着组织支持系统、知识管理系统等网络信息技术的迅速发展，虚拟团队已成为一种广为接受的组织形式。虚拟团队改变了传统组织结构及其运作方式，能最大限度地整合组织内外资源，逐渐成为信息经济与网络经济条件下企业的发展趋势和主要的组织运行模式。

社会资本植根于各类社会组织之中，是借由社会网络而获取的隐性和显性资源（Putnam，1993）。虚拟团队社会资本则是以信息技术为基础的团队关系网中的一种资源交换能力。虚拟团队建立在信息技术的交流平台上，模糊了组织边界，使得团队成员之间的交流偏向于清晰明了、简洁迅速。虚拟团队成员间的任务导向、沟通的虚拟和暂时性是虚拟团队的本质特点，与中国儒家关系文化下社会网络关系的形成存在着一定的矛盾性（Powell & Piccoli，2004）。中国文化情境下，团队成员之间的沟通表现出高语境和谨言慎行的特点，成员需要观察环境中的隐性信息，并与显性信息联系起来理解对方的真实意思，使得虚拟团队的社会资本变得更为复杂。

团队知识整合是团队把不同来源、层次、结构、内容的知识创造性地融合、重构与再造的过程（杨学勤、林凤，2006；张喜征，2005）。社会资本为团队整合关键性知识提供了机会（Burt，1992；Bresman，2013），从而成为知识整合的促进器（Nahapiet，1998）与关键机制（Grant，1996）。除了面临传统团队知识整合的同样困难外，虚拟团队还面临由于采用电子媒体所造成的社会化因素缺失以及虚拟沟通过程所造成的信息损失障碍问题（Desanctis，1994；Burke，1999；Dennis，2001；Robert，2008；肖伟，赵嵩正，2005）。但知识管理系统可以直接解决虚拟团队知识整合过程中的交易记忆约束、相互理解不足、情景知识失效以及组织联系失灵等问题，从而有助于促进知识整合（Alavi & Tiwana，1996）。换言之，在合作信息系统支持下的项目团队社会资本，可以有效地促进知识整合（Bhandar & Pan，2007）。而且，中国文化具有重情爱亲、追求默契和人际和谐的倾向，使得人际信任具有更大的强度和持续性（杨缨，2014）。也就是说，中国文化情境下的这种强联系人际关系网络，有助于实现虚拟团队创新性知识整合（张喜征，2005）。

知识整合能促进知识创新和有效利用，进而达到良好的创新绩效（Zack，1999）。社会资本是借助知识的获取而对创新绩效产生功效（张方华，2006）。相比传统团队而言，虚拟团队借助信息技术能把成员专长的知识进行整合并得到最大效益，知识共享的便捷性正是虚拟团队相较于传统团队的最大优势（Castellani，Jimenez & Zanfei，2013）。虚拟团队成员可从虚拟网络中获取大量非冗余性和异质性知识，有助于激发其创造潜力（陈璐，赵峥和井润田，2009）。社会资本能促进信息与知识交流（Tsai & Ghoshsal，2006），也有助于提高团队创新能力和创新绩效（宋方煜，2012）。虽然虚拟团队成员并不能像传统团队一样有充足的时间去发展社会资本，但虚拟团队可以凭借电子信息技术来克服时间、区域或组织界限的障碍（龚志周和王重鸣，2004）。

知识管理系统并非直接作用于知识整合，而是通过促进团队社会资本发展来促进知识整合的（Sherif，2008）。社会资本不能直接创新绩效，而是通过企业内不同部门间信息或知识资源的交互整合机制来影响创新绩效（Tsai & Ghoshal，1998）。社会资本的关系嵌入和结构嵌入通过知识的吸收能力和获取能力作为中介变量对组织创新绩效产生影响（Dhanaraj，

2004；Tsai，2006）。在虚拟团队中，信息技术改变了传统面对面的协作实践（Deboerm，1999），为解决信息损失问题提供了技术支撑（Majchrzak，2005），通过使用合作型信息技术可以促进新形式的协作以及智力嵌入（汪应洛和李勖，2002）。换言之，利用电子媒体甚至能创造更为社会化的因素，从而能更有效地促进虚拟团队的知识整合（甘露和曾德明，2006）。在和合尚同、崇尚平等的中国传统文化中，团队成员往往根据其与合作者的关系来决定对其信任程度和知识共享程度，也因此更易形成道德主义信任。

二、现有研究评述与未来研究机会

综前文所述，虚拟团队效能形成机制的研究是一项具有发展前景的研究课题。作为组织行为学领域的一个新兴的研究课题，以社会资本理论开展对虚拟团队知识整合、效能的研究，目前尚存在大量悬而未决的科学问题。通过对现有文献的综合分析，本书试图关注如下科学问题：

第一，在虚拟团队社会资本对知识整合影响的既有研究中，其研究视角主要集中于既有的社会资本发展问题，而对信息技术支持下团队社会资本发展的研究涉及较少，实际上信息技术本身改变了团队社会资本的发展轨迹。因此，计算机媒介技术对虚拟团队知识整合及其对效能的内生作用机制的研究有待深入，对这一问题的澄清与实证检验对于管理实践也具有重要的指导意义。

第二，在信息技术支持下团队知识整合机理方面，目前并没有得出一致性的研究结论。部分研究认为信息技术直接影响知识整合，也有研究认为信息技术通过影响社会资本进一步影响知识整合。因此，通过对这些电子连带所形成的关系网络的分析，检验合作型信息技术、计算机媒介支持下沟通的社会现象，对于理解知识共享行为是至关重要的。

第三，现有的虚拟团队知识整合问题研究，通常是将知识共享和知识应用作为知识整合的研究重点，这是建立在团队成员能够主动的贡献自己的专业知识的基础上的。但是，对于虚拟团队而言，成员是否会主动地贡献自己的知识、知识贡献又受哪些因素影响，均有待进行深入的研究。

第四，儒家关系文化对社会资本、知识整合以及虚拟团队效能具有重要影响，但国内有关虚拟团队的研究大多仍然停留在中国式定性研究层次上，从文化方面的实证研究仍然较少，因而无法深入分析虚拟团队的运行机制。因此，非常有必要探索如何基于中国文化情境下的社会网络和社会资本理论，开展对信息技术支持下虚拟团队知识整合及虚拟团队效能的研究。

因此，未来的相关研究热点包括结合虚拟团队的实证调研，开发出中国儒家文化情境下的社会资本结构量表；进而以知识整合为中介变量，研究基于中国独特文化情境和制度体系下社会资本与虚拟团队效能多个构念之间的整合性关系问题等方面的研究等。本书将对上述问题进行研究，其研究价值表现如下：首先，通过本研究，可以获得在儒家文化背景下，对虚拟团队社会资本构成的全面理解，对于社会资本的中国化研究具有重要的理论意义；其次，现有研究对基于信息技术的虚拟团队社会资本发展的机理处于起步阶段，本书将深化基于信息技术的社会资本、知识整合与虚拟团队效能的理论研究；再次，虚拟团队的重要任务就是完成知识型项目，但是面临知识整合的难点，本书通过研究虚拟团队知识整合的机理，为虚拟团队知识管理的实践提供了依据；最后，如何通过社会关系网络的构建促进团队知识整合、提高团队效能也是目前管理实践中的难点，本书也试图通过对团队社会网络的研究，为促进团队知识管理和提高团队效能提供新的思路和方法。

本章参考文献

［1］ Allen，W. D. Social networks and self-employment［J］. Journal of Social - Economics，2000，29（5）：487 - 501.

［2］ Andersson, U. , Forsgren, M. , Holm, U. The strategic impact of external networks: Subsidiary performance and competence development in the multinational corporation ［J］. Strategic Management Journal, 2002, 23 （11）: 979 - 996.

［3］ Andrevski, G. , Brass, D. J. , Ferrier, W. Alliance portfolio configurations and competitive action frequency ［J］. Journal of Management, 2013, 5 （1）: 1 - 27.

［4］ Antonio, C. Network structure and innovation: The leveraging of a dual network as a distinctive relational capability ［J］. Strategic Management Journal, 2007, 28 （6）: 585 - 608.

［5］ Baker, W. Market networks and corporate behavior ［J］. American Journal of Sociology, 1990, 96 （3）: 589 - 625.

［6］ Bhandar, M. , Pan, S. Towards understanding the roles of social capital in knowledge integration: A case study of collaborative information system project ［J］. Journal of the American Society for Information Science and Technology, 2007, 58 （2）: 263 - 274.

［7］ Bloom, N. , Garicano, L. , Sadum, R. The distinct effects of information technology and communication technology on firm organization ［J］. Management Science, 2014, 60 （12）: 2880 - 2883.

［8］ Boase, J. , Wellman, B. Suggested question on social networks and social capital ［A］. Report to the Polic3, Research Initiative, Oaawa, Canada. 2004: 441 - 462.

［9］ Boschma, R. A. Proximity and innovation: A critical assessment ［J］. Regional Studies, 2005, 39 （1）: 61 - 74.

［10］ Bourdieu, P. The Forms of Capital ［A］. Richardson, J. G. Handbook of Theory and Research for the Sociology of Education ［M］. New York: Greenwood Inc, 1985: 241 - 258.

［11］ Burke, K. , Chidambaram, L. How much media bandwidth is enough? A longitudinal examination of media characteristics and group perform-ance [J]. MIS Quarterly, 1999, 23 (4): 557 – 580.

[12] Capello, R., Faggian, A. Collective learning and relational capital in local innovation processes [J]. Regional Studies, 2005, 39 (1): 75 – 87.

[13] Chen, K. M., Yang, S. F. Impact of outward foreign direct investment on domestic R & D activity: Evidence from Taiwan's multinational enterprises in low-wage countries [J]. Asian Economic Journal, 2013, 27 (1): 17 – 38.

[14] Dennis, A. R. Information exchange and use in group decision-mak-ing: You can lead a group to information but you can't make it think [J]. MIS Quarterly, 1996, 20 (4): 433 – 455.

[15] Dennis, A. R., Wixon, B. H. Vandenberg, R. J. Understanding fit and appropriation effects in group support systems via meta-analysis [J]. MIS Quarterly, 2001, 25 (2): 167 – 193.

[16] DeSanctis, G., Poole, M. S. Capturing the complexity in advanced technology use: Adaptive structuration theory [J]. Organization Science, 1994, 5 (2): 121 – 147.

[17] Dhanaraj, C. Managing tacit and explicit knowledge transfer in IJVs: the role of relational embeddedness and the impact on performance [J]. 2004, 35: 428 – 442.

[18] Drucker, P. F. Post-capitalist society [M]. NY: Harper Business, 1993.

[19] Flap, H. Creation and returns of social capital [A]. In: Flap, H., Volker, B. (ed.) Creation and returns of social capital [C]. London: Routledge, 2004: 3 – 24.

[20] Gargiulo, M., Ertug, G., Galunic, C. The two faces of control: Network closure and individual performance among knowledge workers [J]. Ad-ministrative Science Quarterly, 2009, 54 (2): 299 – 333.

[21] George, J. Virtual best practice: How to successfully introduce vir-

tual teams working. In: Parker, G. M. (Ed.) Best Practices for Teams [M].
Amherst, MA: HRD Press, 1997: 3 – 6.

[22] Gilsing, V. A. , Duysters, G. M. Understanding novelty creation in
exploration networks – Structural and relational embeddedness jointly considered
[J]. Technovation, 2008, 28 (10), 693 – 708.

[23] Gilsing, V. , Nooteboom, B. , Vanhaverbeke, W. , et al. Net-
work embeddedness and the exploration of novel technologies: Technological dis-
tance, betweenness centrality and density [J]. Research policy, 2008, 37
(10), 1717 – 1731.

[24] Granovetter, M. Economic action and social structure: The problem
of embeddedness [J]. The American Journal of Sociology, 1985, 91 (3):
481 – 510.

[25] Granovetter, M. The impact of social structure on economic outcomes
[J]. The Journal of Economic Perspectives, 2005, 19 (1), 33 – 50.

[26] Granovetter, M. The strength of weak tie [J]. Social Science Elec-
tronic Publishing, 2015, 78 (2): 1360 – 1380.

[27] Grant, R. M. Prospering in dynamically-competitive environments:
Organizational capability as knowledge integration [J]. Organization Science,
1996, 7 (4): 375 – 387.

[28] Griffith, T. L. , Sawyer, J. E. Virtualness knowledge in teams:
Managing the love triangle of organizations, individuals, and information tech-
nology [J]. MIS Quarterly, 2003, 27 (2): 265 – 287.

[29] Hagedoorn, J. , Cloodt, M. Measuring innovative performance: Is
there an advantage in using multiple indicators? [J] Research Policy, 2003,
32 (8): 1365 – 1379.

[30] Hamel, G. , Labara, P. Dispatches from the front lines of manage-
ment innovation [J]. McKinsey Quarterly, 2011 (1): 118 – 123.

[31] Hamel, G. , Birkinshaw, J. , Mol, M. J. Management innovation

［J］. Academy of Management Review, 2010, 33 (4): 825 – 845.

［32］ Handy, C. Trust and the virtual organization ［J］. Harvard Business Review, 1995: 40 – 50.

［33］ Hansen, M. The search-transfer problem: The role of weak ties in sharing knowledge across organization Subunits ［J］. Administrative Science Quarterly, 1999, 44 (1): 82 – 111.

［34］ Henderson, R. M. , Clark, K. B. Architectural innovation: The reconfiguration of existing product technologies and the failure of established firms ［J］. Administrative Science Quarterly, 1990, 35 (1): 9 – 30.

［35］ Heninger, W. G. , Dennis, A. R. , Hilmer, K. M. Individual cognition and dual-task interference in group support systems ［J］. Information Systems Research, 2006, 17 (4): 415 – 424.

［36］ Hsu, J. Y. Alate-industrial district learning network in the Hsinchu industrial park ［D］. Taiwan: Department of Geography, university Berkeley. Science-based of California, 1997.

［37］ Iansiti, M. , Clark, K. B. Integration and dynamic capability: evidence from product development in automobiles and mainframe computers ［J］. Industrial and Corporate Change, 1994, 3 (3): 557 – 605.

［38］ Inkpen, A. C. , Tsang, E. W. Social capital, networks, and knowledge transfer ［J］. Academic of Management Review, 2005, 30 (1): 146 – 165.

［39］ Johanson, J. , Vanhlne, J. E. Business relationship learning and commitment in the Internationalization process ［J］. Journal of international Entrepreneurship, 2003, 1 (1): 83 – 101.

［40］ Jarvenpaa, S. L. , Leidne, D. E. Communication and trust in globalvirtual teams ［J］. Organization Science, 1999, 10 (6): 791 – 815.

［41］ Kanawattanachai, P. , Yoo, Y. The impact of knowledge coordination on virtual team performance over time ［J］. MIS Quarterly, 2007, 31

（4）: 783 – 808.

［42］Krackhardt, D. Endogenous preferences: A structural approach. In Jennifer, H. , Robert, N. Stern（Eds. ）Debating Rationality: International Aspects of Organizational Decision Making［M］. Cornell University Press, 1998: 239 – 247.

［43］Krause, D. R. The relationships between supplier development, commitment, social capital accumulation and performance improvement［J］. 2006, 25（2）: 528 – 545.

［44］Lang, J. C. Social context and social capital as enablers of knowledge integration［J］. Journal of Knowledge Management, 2004, 8（3）: 89 – 105.

［45］Lin, N. Social resources and instrumental action［M］. Marsendp, Lin N. Social Structure and Network Analysis. Beverly Hills, CA: Sage Publications, Inc. 1982: 131 – 145.

［46］Lin, N. Social Capital: A Theory of Social Structure and Action［M］. London: Cambridge University Press, 2001.

［47］Lin, N. , Ensel, W. M. , Vaughn, J. C. Social resources and strength of ties: Structural factors in occupational status attainment［J］. American Sociological Review, 1981, 46（4）: 393 – 405.

［48］Loury, G. C. Intergeneration transfer and the distribution of earnings［J］. Econometrical, 1997: 176 – 179.

［49］Majchrzak, A. , Malhotra, A. , John, R. Perceived individual collaboration know-how development through information technology-enabled contextualization: Evidence from distributed teams［M］. Information Systems Research, 2005, 16（1）: 9 – 27.

［50］Majchrzak, A. , Wagner, C. , Yates, D. The impact of shaping on knowledge reuse for organizational improvement with wikis［J］. MIS Quarterly, 2013, 37（2）: 455 – 469.

［51］Malhotra, A. , Majchrzak, A. , Carman, R. , Lott, V. Radical innovation without collocation: A case study at Boeing – Rocket dyne [J]. MIS Quarterly, 2001, 25 (2): 229 – 249.

[52] McDonoug, E. F. , Kahn, K. B. , Barczak, G. An investigation of the use of global virtual and collocated new product development teams [J]. The Journal of Product Innovation Management, 2001, 18 (2): 110 – 120.

[53] McEvily, B. , Marcus, A. Embedded ties and the acquisition of competitive capabilities [J]. Strategic Management Journal, 2005, 26 (11): 1033 – 1057.

[54] Moran, P. Structure vs relational embeddedness: Social capital and managerial performance [J]. Strategic Management Journal, 2005, 26 (12): 1129 – 1151.

[55] Nahapiet, J. , Ghoshal, S. Social capital, intellectual capital, and the organizational advantage [J]. Academic of Management Review, 1998, 23 (2): 242 – 266.

[56] Nonaka, I. , Takeuchi, H. The knowledge-creating company [M]. New York: Oxford University Press, 1995: 75.

[57] Oerlemans, L. G. , Meeus, M. T. H. Do organizational and spatial proximity impact on firm performance [J]. Regional Studies, 2005, 39 (1): 89 – 104.

[58] Oh, H. , Chung, M. , Labianca, G. Group social capital and group effectiveness: The role of informal socializing ties [J]. Academic Management Journal, 2006, 47 (6): 860 – 875.

[59] Okhuysen, G. A. , Eisenhardt, K. M. Integrating knowledge in groups: How formal interventions enable flexibility [J]. Organization Science, 2002, 13 (4): 370 – 386.

[60] Patnayakuni, R. , Ruppel, C. P. , Rai, A. Managing the complementarity of knowledge integration and process formalization for systems development performance [J] . Journal of the Association for Information Systems,

2006, 7 (8): 545 - 567.

[61] Peng, X. Matching of inter-firm network and organizational learning: Implications for technological innovation [J]. WSEAS Transactions on Communications, 2009, 8 (1): 41 - 50.

[62] Powell, A. , Piccoli, G. , Ives, B. Virtual teams: A review of current literature and directions for future research [J]. The Data Base for Advances in Information Systems, 2004, 35 (1): 6 - 36.

[63] Putnam, R. D. Making democracy work: Civic traditions in modern Italy [M]. Princeton: Princeton University Press, 1993: 167.

[64] Robert, L. P. , Dennis, A. P. , Ahuja, M. K. Social capital and knowledge integration in digitally enabled teams [J]. Information systems Research, 2008, 19 (3): 314 - 334.

[65] Rulke, D. L. , Galaskiewicz, J. Distribution of knowledge, group network structure, and group performance [J]. Management Science, 2000, 46 (5): 612 - 626.

[66] Sarker, S. , Sahay, S. Information systems development by US - Norwegian virtual teams: Implications of time and space [C]. Proceedings of the Thirty - Fifth Annual Hawaii International Conference on System Sciences, Hawaii, 2002: 1 - 10.

[67] Savicki, V. , Kelley, M. , Lingenfelter, D. Gender and group composition in small task groups using computer-mediated communication [J]. Computers in Human Behavior, 1996, 12 (2): 209 - 224.

[68] Stasser, G. , Stewart, D. The discovery of hidden profiles by decision-making groups: Solving a problem versus making a judgment [J]. Journal of Personality and Social Psychology, 1992, 63 (3): 426 - 434.

[69] Swift, P. E. , Hwang, A. The impact of affective and cognitive trust on knowledge sharing and organizational learning [J]. The Learning Organization, 2013, 20 (1): 20 - 37.

［70］Thomas, R. Network Competence: Its impact on innovation success and its antecedents ［J］. Journal of Business Research, 2003, 56 （9）: 745 - 755.

［71］Tidd, J. Development of novel product through intra-organizational and inter-organizational networks: The case of home automation ［J］. The Journal of Product Innovation Management, 1995, 12 （4）: 307 - 322.

［72］Tiwana, A., McLean, E. R. Expertise integration and creativity in information systems development ［J］. Journal of Management Information Systems, 2000, 22 （1）: 13 - 43.

［73］Tope, A., Rallet, A. Proximity and localization ［J］. Regional Studies, 2005, 39 （1）: 47 - 59.

［74］Tsai, W., Ghoshal, S. Social capital and value creation: The role of intra-frim networks ［J］. Academy of Management Journal, 1998, 41 （4）: 464 - 476.

［75］Tsai, Y. C. Effect of social capital and absorptive capacity on innovation in internet marketing ［J］. International Journal of Management, 2006, 23 （1）: 157 - 166.

［76］Uzzi, B. The sources and consequences of embeddedness for the economic performance of organizations: The network effect ［J］. American Sociological Review, 1996, 61 （4）: 674 - 698.

［77］Uzzi, B. Embeddedness in the making of financial capital: How social relations and networks benefit firms seeking financing ［J］. American Sociological Review, 1999, 64 （4）: 481 - 505.

［78］Uzzi, B., Lancaster, R. Relational embeddedness and learning: The case of bank loan managers and their clients ［J］. Management Science, 2003, 49 （4）: 383 - 399.

［79］Uzzi, J., Gillespie, J. Knowledge spillover in corporate financing networks: Embeddedness and the firm's debt performance ［J］. Strategic Management Journal，2002，23（7）：595 – 618.

［80］Uzzi，B. Social structure and competition in inter-firm networks：The paradox of embeddedness ［J］. Administrative Science Quarterly. 1997，42（2）：35 – 67.

［81］Vincent，D. Research and development activities and innovative performance of firms in Luxembourg ［J］. International Conference on Technology Management，1999（18）：731 – 744.

［82］Warkentin，M.，Beranek，P. M. Training to improve virtual team communication ［J］. Information Systems Journal，1999，9（4）：271 – 289.

［83］Yoo，Y.，Alavi，M. Media and group cohesion：Relative influences on social presence，task participation，and group consensus ［J］. MIS Quarterly，2001，25（3）：371 – 390.

［84］曾明彬，杨建梅. 社会网络对珠三角管理咨询业创新绩效影响之研究 ［J］. 管理学家（学术版），2011（1）：25 – 39.

［85］陈傲，柳卸林，程鹏. 空间知识溢出影响因素的作用机制 ［J］. 科学学研究，2011，29（6）：883 – 889.

［86］陈继勇，雷欣，黄开琢. 知识溢出、自主创新能力与外商直接投资 ［J］. 管理世界，2010（7）：30 – 42.

［87］陈劲，阳银娟. 协同创新的理论基础与内涵 ［J］. 科学学研究，2012（2）：161 – 164.

［88］陈璐，赵峥，井润田. 个人人际网络特征对虚拟团队成员绩效影响的实证研究 ［J］. 科研管理，2012（6）：1250 – 1258.

［89］陈钰芬，陈劲. 开放式创新：机理与模式 ［M］. 北京：科学出版社，2008：46 – 48.

［90］杜静. 基于知识整合的企业技术能力提升的机理和模式研究 ［D］. 杭州：浙江大学硕士学位论文，2003.

［91］付敬，朱桂龙. 知识源化战略、吸收能力对企业创新绩效产出的影响研究 ［J］. 科研管理，2014，35（3）：25 – 34.

[92] 甘露，曾德明. 高新技术企业虚拟 R & D 团队的知识整合机制研究. 财经理论与实践，2006，27（5）：108 - 111.

[93] 高闯，郭斌. 嵌入"礼"文化思想的中国组织社会资本分析 [J]. 经济与管理研究，2011（7）：82 - 91.

[94] 龚志周，王重鸣. 虚拟团队理论研究及其发展趋势 [J]. 心理科学，2004（2）：496 - 498.

[95] 何郁冰，陈劲. 开放式全面创新：理论框架与案例分析 [J]. 西安电子科技大学学报（社会科学版），2009，19（3）：59 - 64.

[96] 杰西卡·利普耐克 [美]. 虚拟团队管理：21 世纪组织发展新趋势 [M]. 经济管理，2002：9 - 10.

[97] 柯江林，孙健敏，石金涛等. 企业 R & D 团队之社会资本与团队效能关系的实证研究 [J]. 管理世界，2007（3）：89 - 101.

[98] 柯江林. 团队社会资本的维度开发及结构检验研究 [J]. 社会科学研究，2007（10）：935 - 941.

[99] 李金华，孙东川. 创新网络的演化模型 [J]. 科学学研究，2006，24（1）：135 - 140.

[100] 罗岭，王娟茹. 基于梯形模糊数和 α - 截集的虚拟团队知识共享能力评价 [J]. 现代制造工程，2013（2）：25 - 31.

[101] 罗双平. 未来的企业组织：虚拟团队 [J]. 中国人才，1999（9）：17 - 18.

[102] 任丽丽，王景文，管军. 基于 KMA 框架的中外合资企业知识管理过程研究 [J]. 当代经济管理，2015，37（3）：7 - 11.

[103] 芮明杰. 再论 21 世纪企业新管理 [J]. 上海财经大学学报，2006，8（2）：41 - 48.

[104] 宋源. 虚拟团队互动行为与团队创新关系研究——基于高科技企业虚拟团队的实证研究 [J]. 河南社会科学，2012（7）：47 - 51.

[105] 孙永风，廖貅武等. 转型背景下中国企业基于社会资本的知识管理研究 [J]. 中国工业经济，2008（3）：118 - 126.

［106］汪应洛，李勖．知识的转移特性研究［J］．系统工程理论与实践，2002（10）：8－11．

［107］王重鸣，唐宁玉．虚拟团队研究：回顾、分析和展望［J］．科学学研究，2006，24（1）：7－15．

［108］魏江．集群创新网络的知识溢出效应分析［J］．科研管理，2003（6）：54－60．

［109］吴晓波，吴东．全球制造网络与中国大中型企业的自主创新：现状、瓶颈与出路［J］．科技管理研究，2010（4）：3－5．

［110］夏丽娟，谢富纪．多维邻近视角下的合作创新研究评述与未来展望［J］．外国经济与管理，2014，36（11）：45－54．

［111］肖伟，赵嵩正．虚拟团队沟通行为分析与媒体选择策略［J］．科研管理，2005，26（6）：56－60．

［112］谢洪明，葛志良，王成．社会资本、企业文化、知识整合与核心能力：机制与路径［J］．研究与发展管理，2008，20（2）：71－80．

［113］谢洪明，吴溯，王现彪．知识整合能力、效果与技术创新［J］．科学学与科学技术管理，2008（8）：88－93．

［114］徐二明，陈茵．中国企业吸收能力对竞争优势的影响［J］．管理科学，2009（2）：14－21．

［115］徐二明，徐凯．资源互补对机会主义和战略联盟绩效的影响研究［J］．管理世界，2012（1）：93－103．

［116］许庆瑞，郑刚，陈劲．全面创新管理：创新管理新范式初探——理论溯源与框架［J］．管理学报，2006（2）：135－142．

［117］杨缨．信任视角下社会资本的界定、测度与验证［M］．北京：经济科学出版社，2014．

［118］翟学伟．中国人际心理初探——"脸"与"面子"的研究［J］．江海学刊，1991（2）：57－64．

［119］张庆普，单伟．企业知识转化过程中的知识整合［J］．经济理论与经济管理，2004（6）：47－51．

［120］张喜征．基于强联系的创新性虚拟项目团队知识整合研究
［J］．情报杂志，2005（11）：8－10.

［121］郑小勇，楼鞍．科研团队创新绩效的影响因素及其作用机理研
究［J］．科学学研究，2009，27（9）：1428－1438.

［122］周希炯．知识管理中知识转换能力与企业创新绩效研究［D］.
上海：复旦大学博士学位论文，2009.

［123］周小虎，陈传明．企业社会资本与持续竞争优势［J］．中国工
业经济，2004（5）：90－96.

［124］朱国宏．经济社会学［M］．上海：复旦大学出版社，1999：
84－85.

第三章

研究设计与研究方法

第一节 研 究 目 的

从实践背景看，随着群体决策支持系统、创造力支持系统、知识管理系统等网络信息技术的迅速发展，使得虚拟团队应运而生。虚拟团队改变了传统组织结构及其运作方式，能最大限度地整合组织内外资源，逐渐成为信息技术和经济全球化情境下重要的组织运行模式之一。从理论背景看，研究者虽然对虚拟团队效能的形成机制进行了许多有价值的研究，但是从信息技术或跨文化方面的研究仍然较少，特别是考虑信息技术、跨文化距离和环境动态性对社会资本、任务过程与虚拟团队效能的影响机制的研究不多。因而以中国文化情境下的社会网络和社会资本理论，开展对信息技术支持下任务过程（如知识整合）、虚拟团队效能的研究，尚存在大量悬而未决的科学问题。例如，信息技术本身所具有的能力作为内生变量，对虚拟团队知识整合与团队效能影响的实证研究；信息技术与跨文化情境下，虚拟团队效能提升机理的理论与实证研究；中国独特文化情境和制度体系下，虚拟团队效能管理策略等。

基于此，本书试图基于信息技术、跨文化距离与环境不确定性等情境因素，建立虚拟团队社会资本的截面多维结构，并以社会资本作为虚拟团队创新绩效的前因变量，以虚拟团队创新绩效作为社会资本的结果变量，以知识整合作为中介变量，构建虚拟团队效能形成机制与管理策略的基本理论框架。结合理论拓展、问卷设计与数据收集，探讨社会资本、知识整合与虚拟团队创新绩效之间的关系，在此基础上，探讨投入因素、社会资本过程与任务过程对虚拟团队效能的提升模式。本书不仅对虚拟团队效能的提升策略具有积极的实践指导意义，而且有助于丰富社会资本、知识整合和团队效能等相关理论研究。

第二节　总体构思

根据研究目的和理论聚焦，本书提出如图3-1所示的研究总体构思框架。

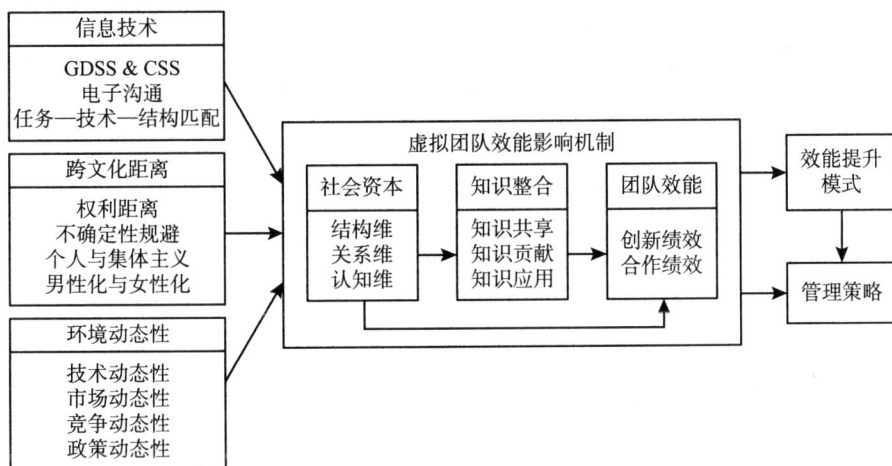

图3-1　虚拟团队效能的形成机制及管理策略研究构思

第三节 子研究设计

围绕上述研究目标及总体构思框架，本书分为以下六个子研究内容进行研究。

子研究一：电子沟通情境下虚拟团队创新绩效的形成机制

国内外已有文献对团队社会资本、知识整合与创新绩效的关系做出了许多有价值的研究，但是考虑电子沟通情境下虚拟团队创新绩效影响机制的理论与实证研究等方面，尚存在广阔的研究空间。基于此，子研究一试图基于虚拟团队的电子沟通特性，建立虚拟团队社会资本的多维结构，并以社会资本作为虚拟团队创新绩效的前因变量，以创新绩效作为社会资本的结果变量，以知识整合作为中介变量，试图构建与检验电子沟通情境下虚拟团队的创新绩效形成机制的基本理论框架。

子研究二：中国文化情境下虚拟团队创新绩效的形成机制

在已有研究的基础上，基于中国儒家关系文化与虚拟团队本质上的冲突性，设计出本土化调研问卷，着重研究中国文化情境下虚拟团队社会资本内涵及其对创新绩效的影响机制。具体而言，结合中国文化的情境特征，从社会网络理论视角探讨虚拟团队社会资本的内涵及其维度结构，在此基础上，理论与实证分析虚拟团队社会资本、知识整合与创新绩效之间的关系，进而试图提出有助于提升中国文化情境下虚拟团队创新绩效的管理启示。

子研究三：环境动态性与供应链关系资本对合作绩效的影响机制

整合供应链管理理论和社会资本理论，通过对长三角地区有开展国际采购的制造企业进行问卷调查，运用层次回归分析模型探讨环境动态性、供应链关系资本与合作绩效三者之间的关系，并试图提出有助于中国制造业供应链管理及其虚拟团队合作绩效管理实践的启示。

子研究四：互联网情境下中层管理者胜任力建模

运用胜任力建模方法，以 10 家互联网公司为调查研究对象，在对 168 份有效问卷数据进行探索性因子分析的基础上，运用 120 份有效问卷数据，验证出适合互联网情境下的中层管理者胜任力模型，试图为基于互联网情境的虚拟团队人力资源管理与有效领导提供实践参照。

子研究五：投入因素与过程对虚拟团队效能的提升机制

在上述研究的基础上，整合团队管理和行为过程理论，参照麦格拉思（McGrath，1964），鲍威尔、皮科利和艾维斯（Powell，Piccoli & Ives，2004）的研究成果，并对上述研究结论进行合理的理论拓展。提出包括投入因素、社会资本过程、任务过程及其效能四个方面的虚拟团队效能提升机制模型，并重点阐述虚拟团队的投入因素、社会资本过程和任务过程三个方面的内容及其内在影响关系。

子研究六：虚拟团队效能管理的策略选择

综合上述理论与实证研究结果，聚焦于虚拟团队社会资本过程和任务过程，遵循行动研究的基本思路，开展虚拟团队效能管理策略研究。重点开展社会资本过程中的信任管理、全球化情境下跨文化管理策略研究、任务过程中的电子沟通社会化及媒介应用等方面的实践应用研究，并试图针对虚拟团队领导者这一关键的行动主体，提出虚拟团队领导行为与有效领导策略选择。

第四节　研究技术路线

根据研究的总体构思框架与上述子研究设计，本书的研究技术路线，如图 3 - 2 所示。

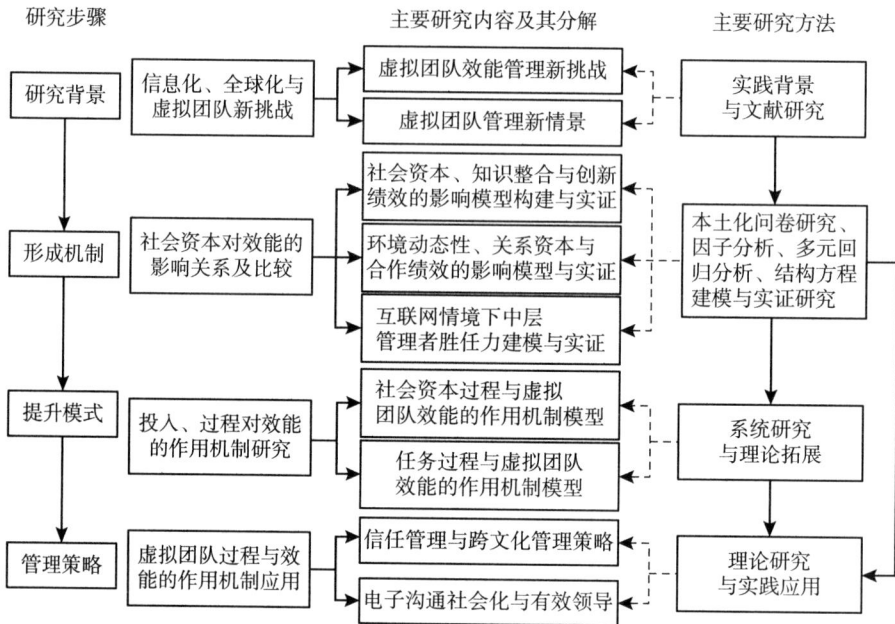

图 3 - 2　本书的研究技术路线与研究方法

第五节　实证研究取样

本书主要的取样方式为非随机取样中的"立意取样"（purposive sampling）方式。所谓立意取样又可称为"判断取样"，是依据研究者的主观认定，去选取最能适合其研究目的的样本选取方式（张劭动，2001）。本书的各实证研究内容的具体取样方法阐述如下。

取样一：电子沟通情境下虚拟团队创新绩效形成机制的正式大样本调研，抽样范围确定为浙江省，从中选择 60 家企业存在且愿意配合调研的 150 个虚拟团队进行问卷调研。在问卷的发放过程中，事先解释虚拟团队的含义并询问是否有参加过虚拟团队，然后开始问卷发放。共发放 300 份，得到有效性问卷 187 份，有效回收率为 62.3%。

取样二：中国文化情境下虚拟团队创新绩效形成机制的研究问卷发放

的对象，参照利普南克和史坦普斯（Lipnack & Stamps，1999）对空间距离所提出的虚拟团队分类方式，主要以问卷调研的方式进行数据收集。问卷发放范围为长三角地区企业的虚拟团队，共发放 300 份，回收 269 份，其中，有效性问卷 214 份，问卷的有效回收率为 71.3%。

取样三：环境动态性与供应链关系资本对合作绩效的影响机制研究的抽样范围为长三角地区，调研对象为有国际采购业务的制造企业，调研企业名单来源于上述省市政府的各相关外贸主管部门。为保障对全球化情境研究的需要，从中选择 200 家有国际采购业务的制造企业进行问卷调研，共发放 200 份，回收有效问卷 166 份，有效回收率为 83%。

取样四：互联网情境下中层管理者胜任力建模的大样本调研问卷的发放范围为北京、上海和浙江地区，从中选取百度、京东、携程、1 号店、阿里巴巴和网易等 10 家互联网企业的中层管理者作为调查研究对象，样本在行业特色和地域特色、企业规模等方面均具有很好的典型性和代表性。调研问卷分两次发放，共发放问卷 309 份，回收有效问卷 288 份。其中，第一次发放问卷 180 份，收回有效问卷 168 份，有效问卷回收率为 93.3%，用于探索性因子分析；第二次发放问卷 150 份，回收有效问卷 120 份，有效问卷回收率为 80%，用来进行验证性因子分析。

第六节　实证分析方法

统计学可分为数理统计和应用统计两大类，数理统计偏重于数学公式的推算与方法上的证明，应用统计则着重于统计理论在各个学科领域与科目的应用。管理统计学为统计学的应用，主要是应用统计的一些理论，来解决管理问题。管理研究者普遍认为，统计分析过程是完全符合科学研究的精神的。统计问题与统计分析过程包括统计问题陈述、统计问题分析和统计问题结论，其中在统计问题陈述阶段，必须首先明确讨论的主题在语意或定义，研究动机、目的与范围不能含混不清，陈述问题要简洁易懂，并确定研究母体与元素对象；在统计问题分析阶段，应以逻辑推理为基础，并科学地应用概率与统计理论，引用的方法须符合统计假设与限制，分析工具必须可行，分析过程要一步一步透明化；在统计问题结论阶段，应据实报告真相，让数据说话，有几分结果就做几分的结论，不能过度的推论或夸张事实。在实证分析中，样本是否具有代表性以及变量的衡量是否具备研究所需的信度与效度标准，是后续研究假设检验方法的选择与研究结果推论的重要基础。本书使用应用统计方法进行相关内容的实证分析，实证研究的具体方法阐明如下。

一、实证研究步骤

本书的子研究一至子研究四遵循实证研究的步骤进行，如图 3 - 3 所示。首先，基于相关文献提炼研究主体与范围，之后对相关文献进行搜集、整理及分析，并建立研究构架；其次，借由成熟的量表，将量表修订成研究问卷，选定样本及问卷发放对象，进行问卷发放与调研；最后，对催收获得的有效问卷进行资料整理与分析，并进一步根据分析结果进行讨论，提出结论与管理启示。

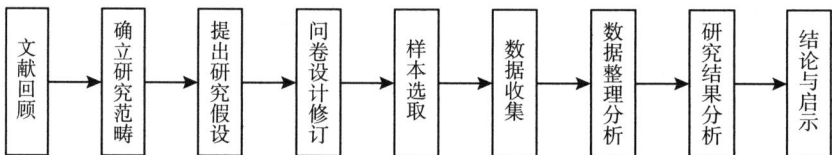

图 3 - 3　实证研究的基本步骤

二、量表发展方法

参考丘吉尔（Churchill, 1979）和帕拉休拉曼等（Parasurman et al., 1988；2005）的研究结论，本书提出了量表的发展步骤，如图 3 - 4 所示。

研究各变量的操作性定义

根据过去文献，采用或发展各变量的适用量表

邀请专家，评估初始量表的表面效度与内容效度

样本选取，收集样本的资料和数据

通过下列迭代程序（interative sequence），精炼研究量表

| 对每个构念计算其 α 系数及项目对全部的相关系数 | 删除"项目对全部"的相关系数较低的项目，并且移除该项目后可提高 α 系数 | 对量表进行探索性分析（EFA） | 如果需要的话，重新调整各构念或调整项目所属的构念 |

评估量表的信度（Cronbach's α）

对量表进行验证性因素分析（CFA），以评估量表的预测效度/同时效度、构念效度的区别效度和组合信度

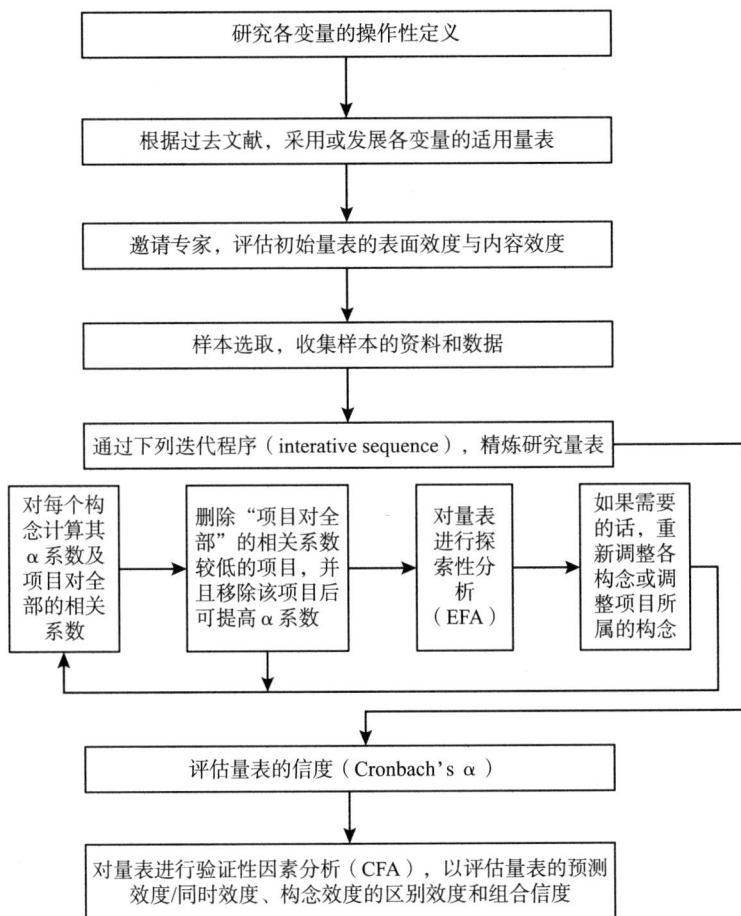

图 3 – 4　量表发展的基本步骤

资料来源：根据丘吉尔（Churchill，1979）和帕拉休拉曼等（Parasuraman et al.，1988；2005）修改。

三、量表的信效度检验

1. 量表信度检验

量表信度（reliability）主要指测量工具在两次的测量间的测量值或评量结果的一致性与稳定性的程度。虽然大多数研究者都期盼自己的测验具

有高度的信度，可是却常常事与愿违，因为除了测量本身的测量误差之外，还有许多干扰因素，都可能会影响到检验的结果。此外，评分也可能因为不同的评分者给予不同的评分，而造成分数的差异。实际上，希望不同干扰因素下的测量结果的得分越一致，代表误差越小，信度就越高。具体而言，信度估计方法有重测信度（test-retest reliability）、评分者信度（scorer reliability）、复本信度（alternate-form reliability）和内部一致性信度（internal consistency reliability）等。

重测信度又称稳定性系数，计算方法是使用同一测验，在同样条件下对同一组受测者前后施测两次，求两次得分之间的相关系数。而复本信度又称等值性系数，计算方法是以两个等值但题目不同的测验来测量同一群体，然后求得基于受测者两次测量得分的相关系数。内部一致性信度主要反映的是题目之间的关系，表示测验能够测量相同内容或特质的程度，可分为分半信度（split-half reliability）和同质性信度（homogeneity reliability）。此外，评分者信度用于测量不同评分者之间所产生的误差，计算方法是随机抽取若干份测验卷，由两位评分者按评分标准分别给分，然后再根据每份测验卷的两个分数计算相关系数。

在既无复本，也不可能重复测量时，通常采用内部一致性系数来估计量表的信度，即测验能够测量相同内容的一致性程度，以了解问卷的可靠性和有效性。信度有外在信度和内在信度之分，内部一致性的信度检验方法包括库李信度和 Alpha 信度两种方法，其中库李信度（又称为 K－R 信度），由库德和理查森（Kuder & Richardson，1937）所提出；Alpha 信度由克朗巴哈（Cronbach，1995）所提出。这两种信度十分类似，不同的是库李信度只能用于对与错的二元化计分资料。而 Alpha（α）信度使用较为广泛，可以用于多元计分上，研究中一般采用基于项目协方差的方法来估计信度，常用的是克朗巴哈 α（Cronbach's α）系数。克朗巴哈 α 系数可以衡量同一构念下各测量体现的一致性，因此本书使用分类对总项相关系数以及克朗巴哈 α 值判断所萃取的关键因子、其内容一致性与变量间聚合的效果，以检验量表的信度。由于 α 的计算较为复杂，使用上大多借助统计软件（如 SPSS）来执行计算。α 值越大，表示该测量量表条目间相关性越好、内部一致性程度越高（即信度越高）。具体而言，α 大于 0.8 表示内部一致性极好，α 在 0.7 ~ 0.8 表示内部一致性较好，α 在 0.6 ~ 0.7 表示内部一致性尚可接受，α 在 0.5 ~ 0.6 之间表示量表最好不要，α 低于 0.5 以下则需要重新修改量表（Develis，1991；吴明隆，2003）。

2. 量表效度检验

量表效度（validity）是测量题项能够真正测得衡量变量的程度。效度越高，表示测量结果越能显现所要测量内容的真正特征。效度分为内容效度（content related validity）、建构效度（construct related validity）和效标关联效度（criterion related validity）等。在内容效度不差的情况下，通常首先要求量表达到信度标准。但信度只是效度的必要条件，而非充分条件。所谓内容效度是指测验的内容是否符合测验的目的，而效标关联效度则是指测验的分数与其他相关测验或指标的相关性。此外，建构效度是建立在构念之上的，建构效度的建立必须由研究者先提出假设，并收集资料去验证，并反复检讨，修正整个建构的过程，直到建构效度可以成立为止。而且，内容效度和效标关联效度的建构方法与结果，都可用来当作建构效度的证据。建构效度的验证方法很多，有内部一致性分析法、外在效标分析法、因子分析法、结构方程模型、多特质—多方法分析法等。本书采用的是主成分分析法和方差最大正交旋转法来进行探索性因子分析，以检验问卷内容的建构效度。有关主成分分析法、方差最大正交旋转法及探索性因子分析的具体方法，可参照下文有关因子分析（factor analysis）的阐述。

四、因子分析

统计是决策的工具，正确的母体参数特征往往是未知的，因此估计与检验可以作为决策判定的准则，以便决定采取的适当行动。推论统计可说是根据样本资料推得其母体性质结论的方法，可分为估计（estimation）与假设检验（testing hypothesis）两个主要部分。估计是指如何利用概率原理，决定以何种样本统计量估计母体参数最为适当的统计方法。而假设检验则是如果有其他信息能对有关统计量建立合理的假设，再由样本资料来检测此假设是否成立，以作为决策依据的方法。

因子分析是属于多变量分析方法中的互依分析方法（analysis of inter-dependence）中的一种技术，目的是将彼此相关的变量转化成少数有概念化意义的因素。具体来说，因子分析是将为数众多的变量浓缩成少数几个有意义因素，而达成浓缩资料（减少变量）和定义一个资料结构中潜在架构（归纳变量）的目的。因子分析不同于多元回归、区别分析、变异数分析或典型相关分析等，不同点在于这些分析方法的变量通常有一些是用来作为因变量，而其他的都作为自变量。而因子分析是一种所有变量被考虑、每个变量都与其他变量相关的一个线性组合。本书使用因子分析检验构念的收敛与离散情况，进而抽取较稳定的关键因子，以使之符合构念效度标准。

因子分析理论假定个体在变量上的得点（factor scores），由共同因素和独特因子两个部分组成，即各个变量共有的成分（即共同因素，common factor，f_i），以及各变量所独特的成分（即独特因素，unique factor，ε_i）。共同因素可能是一个、二个或好几个。而独特因子则是每个变量均有一个独特因子，也就是说，每个受试者均有 K 个变量分数，则就有 K 个独特因子。但通常，共同因子的数目（G）少于变量的个数（K），因子分析就是将这些共同因子抽取出来。因子分析主要在于显示资料的凝聚特性，通常并不事先限制要萃取多少个因子，而在于探讨形成维度因素的个数。本书采用包括探索性因子分析（exploratory factor analysis，EFA）和验证性因子分析（confirmatory factor analysis，CFA）进行因子分析。

其中，探索性因子分析采用主成分分析（principal component analysis，PCA），主成分分析是将所收集到各测量变量的资料加以归纳，并找到最能解释个变量的因子（成为主要成分因子），主要成分因子找到后即可依主成分分析为基准再去寻找其余因子。在进行因子分析前，研究者需通过检视资料以判断是否适合进行因子分析。当变量之间的相关性太高或太低时，都不适合进行因子萃取（吴万益，2008）。经过资料相关关系矩阵的检视，若相关系数为显著的大于 0.3，则资料不适合进行因子分析。另外，假使在资料中有真实的因子存在时，则资料之间的偏相关会很小。因此，吴万益（2008）建议，在进行因子萃取前，研究者必须确定各变量观察值间是否存在共同变异性。凯撒（Kaiser，1974）对此提出了两种检验方法，分别为 KMO（Kaiser – Meyer – Olkin measure of sampling adequacy）以及巴特莱特球体检验（Bartlett test of spericity）。

KMO 表示两变量间的净相关系数，KMO 越高表示任两变量彼此间的相关性越低，代表样本资料适合进行因子萃取。KMO 值介于 0 ~ 1 之间，若 KMO 等于 1 表示每一个变量均可被其他变量完全预测；若 KMO ≥ 0.9 表示资料非常适合作因子分析；若 0.9 > KMO ≥ 0.8 表示适合作因子分析；若 0.8 > KMO ≥ 0.7 表示还不错。

而巴特莱特球体检验则表示两变量间的相关矩阵，主要是用来检验变量间的相关系数是否显著，其必须明显大于 0 才行，检验结果的 P 值小于 0.05（P < 0.05）即代表显著。凯撒（1974）建议，如果检验结果达到显著水平，表示各维度变量的相关矩阵有共同因子存在，即非常适合进行因子分析。

由探索性因子分析所得出的因子结构，需要采用验证性因子分析进行维度验证。验证性因子分析同时也是检验量表建构效度与区分效度的方法。当主成分分析做完后，接下来需要探讨某一个因素包括哪些变量，一般通过特定转轴，利用转轴使某一因素和某些变量最贴近。表现在数值上就是因子载荷量差异较大，因子载荷 a(ij) 的统计意义就是第 i 个变量与第 j 个公共因子的相关系数，即表示 X(i) 依赖 F(j) 的分量或比重。这样，便于看出因子轴隐含的意义，使得资料和因素间所形成的关系有更为明显区别，结果较易于往后的解释与应用。本书选取特征值大于 1 的因子，以最大变异值直交转轴法（varimax）求得主要因子。

五、结构方程模型

1. 分析方法

结构方程模型（structural equation modeling，SEM）是一种综合运用多元回归、路径分析、因子分析、协方差分析等方法，以建立、估计和检验因果关系模型的方法。结构方程模型可用来分析不同类型的因果关系，其中使用最为广泛的是验证性因子分析和结构模型。验证性因子分析是因子分析的扩展，可用来对因素载荷量以及因素间的相关性做检验工作。在线性结构模型中，验证性因子分析也通常用来评估建构效度。在建构模型时，模型允许因子间是有相关的，通常潜在变量（因素）间的相关是以双箭头联结，而做出的结果可以判断某一问项是否在某一因素之内，也可以对模型的拟合度进行检验。已经有多种软件可以处理结构方程模型，包括 LISREL、AMOS、EQS、Mplus 和 R 等。本书采用 AMOS 统计软件建立结构方程模型、估计和检验因果关系模型，其中主要以验证性因子分析（confirmatory factor analysis，CFA）来检验测量问题的有效性或建构效度，并以结构方程模型来衡量概念模型的拟合度及验证相关假设。

2. 分析步骤

结构方程模型（SEM）分析的基本程序可以分为模型发展阶段和估计与评价两个阶段（邱皓政，2004），如图 3 - 5 所示。其中，模型发展阶段主要目的在建构结构方程模型的理论基础，模式设定与模型辨别是根基于理论性推演过程，将结构方程模型的理论假设转换成为适当的技术语言。一旦结构方程模型发展完成之后，研究者即必须搜集实际的测量资料来检验所提出的概念模型的适当性。估计与评价阶段开始于样本的建立与测量工作的进行，所获得观察资料经过处理后，即依照结构方程模型分析工具的要求，进行各项估计。结构方程模型的参数估计基本上都可以由计算机来进行，只有少量工作必须由人工来计算完成。因此，结构方程模型使用者必须对分析工具和软件有深入的了解。此外，在估计与评价过程中，结构方程模型分析工具通常会提供模型调整与修饰的计量信息，研究者可依据这些指数或统计检验数据来调整先前所提出的假设模型。

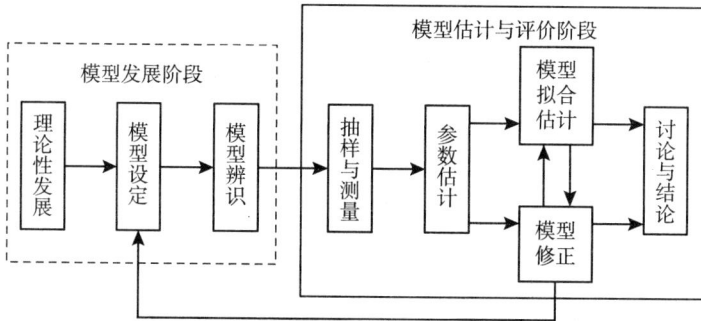

图 3 - 5　结构方程模型的基本程序

资料来源：邱皓政（2004）。

3. 模型检验

结构方程模型评价的核心是模型的拟合性，因此，在进行结构方程模型分析时，首先必须考虑模型的拟合度（overall mode fit）。线性结构关系模型是否合适，可以用以下几种评估方法来判断（Bentler，1983）。若是模型的解释能力不足，代表模型结果与资料模型不相同。若模型的解释良好，则模型中的标准系数越高，表示在因果相关的重要性越高。在模型解释力不高的情况下，通常必须针对异常估计值，如误差变量为负、标准化系数大于 1 或估计系数的标准差很大等情况予以调整。对于整体测量模型与资料的拟合度，若经过卡方检验模型与研究资料间的差异不显著，表示所收集的资料特征与整体结构模型是可以吻合的，可认为此结构模型具有整体模型拟合度。

为了避免卡方检验在大样本检验时出现过强的统计力所造成的一些问题，必须在补充 $\chi^2/df \leqslant 3$、GFI > 0.9、AGFI > 0.9、RMR < 0.05 等指标来

评估模型的拟合度。卡方值（Chi – Square 或 χ^2）过大，代表模型不正确，须视 P 是否大于 0.05 而定；如果过大，则在模型指数（modification index, MI）中可做出修正，模型指数值代表某一修正可减少的卡方值；卡方值通常接近 df 值，若卡方值所对应的 P 值大于 0.05，表示模型与资料之间的拟合度高。有时可能因为样本数或是研究主题的不同，无法达到所有衡量指标的要求标准。因此，在实际操作中，只要当中几个代表性指标接近要求范围值，即可代表模式与资料有达到所需的拟合度。本书采用吴万益（2008）和邱晧政（2009）提出的多种拟合指标，用来评价理论模型的拟合程度或选择理论模型（如表 3 – 1 所示），现将各评估指标分述如下。

卡方值越小，表示模式的拟合情形越好，通常的判断值以 0.05 < P < 0.2 为标准。若以卡方比率（Chi – Square/df 或 χ^2/df）来判定，则以 $\chi^2/df < 2$ 为原则，最大不宜超过 3。因卡方值对样本大小十分敏感，若直接以卡方值来判定适合情形似乎不妥，须同时参考其他拟合度指标，如 GFI、AGFI 和 RMR 等。

GFI（goodness of fit index）值在 0 ~ 1 之间，此值越大表示拟合度越佳，即模型的解释能力越高，通常以 GFI > 0.9 为标准。

AGFI（adjust goodness of fit index）是对自由度调整的 GFI，因为 GFI 会随模型中的路径增加而增加，因此学者提出模型拟合度和复杂度的平衡指标（即 AGFI），通常采用 AGFI > 0.9 为标准。

NFI（normed fit index）称为模型基准拟合度，即比较假设模型与独立模型的卡方差异，通常采用 NFI > 0.9 为标准。

CFI（comparative fit index）称为模型比较拟合度，即假设模型与独立模型的非中央性差异，通常采用 NFI > 0.95 为标准。

RMSR（root mean square residual）称为测量残值的平均数，用来评估两个不同模型的拟合情形，越小表示模型拟合度越好，通常采用 RMR < 0.05 为标准。

表 3 - 1　　　　　　　　　线性结构关系模型的常用指标

指标缩写	指标全称	意义	判定标准
X^2	Chi - Square	模型拟合情况	越小越好，$P > 0.05$
RMR	root mean square residual	残差平方根	<0.05
RMSEA	root mean square error of approximation	RMR 的估计值	
CMIN/DF	minimum value of discrepancy	调整后模型最小变异	<3
F_0	estimate of f_0	针对模型标准误差所做的缺口估计值	在 90% 的信赖区间内
ECVI	expect for constant scale factor	模型因子期望值（检验模型被赋予的信息是否充足）	
GFI	goodness of fit index	模型拟合度	>0.9
AGFI	adjust goodness of fit index	调整后的模型拟合度	
NFI	normed fit index	模型基准拟合度	
RFI	relative fit index	模型相对拟合度	
IFI	incremental fit index	模型扩大拟合度	
CFI	comparative fit index	模型比较拟合度	

资料来源：吴万益（2008）和邱晧政（2009）。

六、回归分析

皮尔逊（Pearson）相关系数可以检验两个变量间的关系，也可了解两个变量是否彼此独立或具有相关性。当 Pearson 相关系数越接近 1 时，表示两个变量间的相关性越强；当 Pearson 相关系数越接近 0 时，则表示两个变量间的相关性越弱。

回归分析可分为简单回归（simple regression）与复回归（multiple regression），其中，前者用来探讨一个因变量和一个自变量间的关系，后者则用来探讨一个因变量和多个自变量间的关系（萧文龙，2007）。根据现有的资料建立一个回归模型时，必须检验模型与资料的符合程度（拟合度）。在回归分析中，检验拟合度最常见的指标是 R^2（判定系数，coefficient of determination），R^2 表明所有解释变量对被解释变量的解释能力的大小。样本的 R^2 是估计模式拟合度的一个最佳估计值，要判定 R^2 是否具有解释能力，通常是以 F 值来检验。若 F 值对应的 P 值（P – value）< 0.05，代表 R^2 具有显著的解释能力。本书在相关章节中，对回归分析得到的 b 值、β 值、R^2 及 P 值等参数进行估计，探讨自变量与因变量的关系，并了解自变量对因变量的预测能力与整体相关关系是否达到显著水平，以验证相关假设。并在此基础上，运用巴伦（Baron，1981）所提出的验证中介效果的方法，检验中介效果是否具有解释能力。

本章参考文献

［1］Baron, R. M. , Kenny, D. A. The moderator-mediator variable distinction in social psychological research：Conceptual, strategic, and statistical considerations ［M］. Chapman and Hall, 1981, 51（51）：1173 – 1182.

［2］Bentler, P. M. , Freeman, E. H. Tests for stability in linear structural equation systems ［J］. Psychometrika, 1983, 48（1）：143 – 145.

［3］Churchill, G. A. A paradigm for developing better measures of marketing constructs ［J］. Journal of Marketing Research, 1979, 16（1）：64 – 73.

［4］Kaiser, H. F. An index of factorial simplicity ［J］. Psychometrika, 1974, 39（1）：31 – 36.

［5］Parasuraman, A. , Zeithaml, V. A. , Berry, L. L. Servqual：A multiple-item scale for measuring consumer perceptions of service quality ［J］. Journal of Retailing, 1988, 64（1）：12 – 40.

［6］Parasuraman, A. , Zeithaml, V. A. , Malhotra, A. E – S – Qual：A multiple-item scale for assessing electronic service quality ［J］. Journal of Service Research, 2005, 7（3）：213 – 233.

［7］邱皓政．结构方程模型的原理与应用［M］．北京：中国轻工业出版社，2009.

［8］吴万益．企业研究方法（第三版）［M］．台北：华泰文化事业股份有限公司，2008.

第四章

电子沟通情境下虚拟团队
创新绩效的形成机制

虚拟团队为最大限度地整合组织内外资源提供了可能，逐渐成为经济全球化和网络经济条件下组织模式发展的趋势和跨界协同创新的重要载体。虚拟团队运作的核心是沟通，促进虚拟团队沟通的重点在于如何提供或创造良好的技术工具来辅助并为团队带来有效的成果。但与面对面沟通相比，由于电子媒介沟通容量小和信息传递有限，电子沟通过程存在着信息反馈延迟、共同语言缺少、文本理解差异以及团队成员参与承诺降低、非语言沟通缺失等问题。而且，虚拟团队中的电子沟通过程对技术要求非常严格，因而虚拟团队更可能存在诸如低团队凝聚力、低团队信任、欠缺标准作业程序和流程损失等问题。

国内外已有文献对团队社会资本、知识整合与创新绩效的关系作了许多有价值的研究，但是考虑电子沟通情境下的虚拟团队创新绩效影响机制的理论与实证研究等方面，仍然存在广阔的研究空间。基于此，本章试图基于虚拟团队的电子沟通特性，建立虚拟团队社会资本的多维结构，并以社会资本作为虚拟团队创新绩效的前因变量，以创新绩效作为社会资本的结果变量，以知识整合作为中介变量，构建出虚拟团队的创新绩效形成机制的基本理论框架，并运用有效的样本数据进行实证检验。

第一节　理论拓展与研究假设

一、电子沟通情境下虚拟团队社会资本的内涵

社会资本（social capital）是组织借由社会网络而获取的隐性和显性资源（Putnam，1993），而团队社会资本是一种嵌入团队关系网络中有助于成员进行资源交换的有价值资源或能力（柯江林，孙健敏，石金涛等，2007）。由此推论，虚拟团队社会资本是以信息技术为基础的团队关系网中的一种有价值资源交换的能力。虚拟团队所严重依赖的电子沟通机制是导致团队中产生信任或不信任的主要原因，因而成员之间的沟通中能否相互承诺及时回应是制约虚拟团队社会资本的重要因素（Lipnack & Stamps，1999）。信息技术可以减少地理分散所产生的不利影响，信息技术从而成为信息成员之间沟通的重要平台。由于虚拟团队较多地依赖电子沟通模式，虚拟团队成员之间的联系较弱，虚拟团队遵循的是快速信任模式而不是传统信任模式（McDonoug，Kahn & Barczak，2001）。但与传统团队相比，虚拟团队是任务为导向而非情感导向，虽然在虚拟团队的起始阶段凝聚力较低，但随着团队成员交换的社交信息越来越多，虚拟团队任务导向将明显减弱，而情感导向将明显加强（Warkentin & Beranek，1999），也可能形成较强的凝聚力（Chidambaram，1996）。

二、虚拟团队社会资本与知识整合的关系

知识整合（knowledge integration）是对不同来源、层次、结构、内容的知识加以创造性融合、重构与再造的过程（杨学勤和林凤，2006）。社会资本是知识整合的促进器，可以为团队关键性知识整合提供机会

（Burt，1992；Bresman，2012）。社会资本可分为结构资本、关系资本和认知资本三个维度（Nahapiet & Ghoshal，1998）。社会资本的粘合性特征是影响知识整合的重要基础，成员间的信赖关系有助于其知识整合与交换（Delong & Fahey，2000）。通过团队成员间互动而形成的认知资本，能帮助团队及其成员达成目标和期望（Huang & Newell，2003；刘寿先，2008）。多数研究将信息技术视为影响知识整合的重要变量，然而信息知识整合是一个必要条件而非充分条件。

除了与传统团队知识整合面临的同样困难外，虚拟团队因缺乏实体的亲密性（proximity），还面临着因采用电子媒体所造成的社会化因素缺失及信息损失等问题（Robert，Dennis & Ahuja，2008；肖伟和赵嵩正，2005）。虽然存在这些问题，但丹尼斯等（Dennis et al.，2001）的研究表明知识管理系统可解决虚拟团队知识整合过程中的交易记忆约束、相互理解不足、情境知识失效以及组织联系失灵等问题，从而直接促进知识整合。班达里和潘（Bhandar & Pan，2007）通过对四个信息系统项目团队的案例探索，也验证了在合作信息系统下项目团队的社会资本可有效地促进知识整合。基于此，本文提出如下假设：

假设 H4 - 1a 电子沟通情境下，虚拟团队社会资本结构维对知识整合具有正向的影响。

假设 H4 - 1b 电子沟通情境下，虚拟团队社会资本关系维对知识整合具有正向的影响。

假设 H4 - 1c 电子沟通情境下，虚拟团队社会资本认知维对知识整合具有正向的影响。

三、知识整合与虚拟团队创新绩效的关系

创新绩效（innovation performance）表现为发明、技术和创新等方面的效能（Vincent，1999），包含创新有效性和创新效率的二维结构（郑小勇和楼鞅，2009）。知识整合能促进知识创新和有效利用，进而达到良好

的创新绩效（Zack，1999）。张方华（2006）根据210家企业的数据，实证检验了社会资本需借助知识整合而对创新绩效产生功效。相比传统团队而言，虚拟团队具有更高的知识整合能力，因而更可能产生较高的创新绩效。首先，虚拟团队虽不能经常进行面对面的交流，但信息技术能更广泛地整合伙伴们的专长知识并得到最高效益。其次，知识共享的便捷性正是虚拟团队相较于传统团队的最大优势，虚拟团队更有可能实现知识的再造与溢出（Castellani，Jimenez & Zanfei，2013）。再次，由于虚拟团队的知识更为多样性，成员更有可能从虚拟网络中获取大量非冗余性和异质性知识，从而有助于激发团队创造潜力（陈璐，赵峥和井润田，2012）。基于此，本文提出如下假设：

假设 H4 - 2 电子沟通情境下，虚拟团队知识整合对创新绩效具有正向影响。

四、社会资本与虚拟团队创新绩效的关系

社会资本能促进信息与知识交流（Tsai & Ghoshal，1998），可以为团队提供了来自外部的资源，从而有助于提高团队创新能力和创新绩效（宋方煜，2012）。知识搜索范畴的扩大使组织有机会获取大量异质性新知识（冯军政，刘洋和金露，2015），关系性资本（如信任、规范和义务等）能促进行动者产生合作动机，认知性资本（如共同语言符号和共有故事等）能促进彼此协作，从而影响知识整合（周小虎和陈传明，2004）。信息技术使得团队成员之间互动交往的频率与依赖的程度增加，而成员之间的依赖程度越高，联结的强度和互惠的程度越大，则越有助于成员之间信息、技术及经验的交流。

虽然由于缺少必要的面对面交往，虚拟团队成员并不能像传统团队一样有充足的时间去发展社会资本，但是虚拟团队凭借电子信息技术可以克服时间、区域或组织界限的障碍（龚志周和王重鸣，2004）。信任是虚拟环境的有效机制，在虚拟团队组建的初期，团队成员并没有接触，因而所

产生的迅捷信任（swift trust）必然是一般信任（Jarvenpaa & Leidner，1999）。在和合尚同、崇尚平等的中国文化中，人情的交换是其建立强连带的经典法则，团队成员往往根据其与合作者的关系来决定对其信任及知识共享的程度。宋源（2012）对虚拟团队合作行为、冲突行为、主动行为影响团队创新的实证研究发现，虚拟团队冲突行为与主动行为均正向影响团队创新。基于此，本文提出如下假设：

假设 H4 - 3a 电子沟通情境下，虚拟团队社会资本结构维对创新绩效具有正向的影响。

假设 H4 - 3b 电子沟通情境下，虚拟团队社会资本关系维对创新绩效具有正向的影响。

假设 H4 - 3c 电子沟通情境下，虚拟团队社会资本认知维对创新绩效具有正向的影响。

五、知识整合的中介作用

蔡和戈沙尔（Tsai & Ghoshal，1998）认为，社会资本不能直接提升创新绩效，而是通过组织内或组织间信息或知识资源的交互整合机制来影响创新绩效。柯江林、孙健敏和石金涛等（2007）以知识整合为中介变量，验证了企业 R & D 团队社会资本对团队效能的关系。包含信息传递、知识共享与联合问题解决的学习机制，有助于促进成员间高质量的信息流动，实现有价值知识的转移（韩炜和杨婉毓，2015）。信息技术虽然有助于强化学习能力与明晰知识的整合，但对默会知识的整合影响不大。蔡（Tsai，2006）的研究也表明，社会资本的关系嵌入和结构嵌入通过知识的吸收能力和获取能力作为中介变量对创新绩效产生影响。

对于虚拟团队而言，信息技术改变了传统面对面的协作模式（Deboerm，1999），为解决信息损失问题提供了技术支撑（Majchrzak & Malhotra，2005）。通过使用信息技术可以促进新的智力嵌入（汪应洛和李勖，2002），电子媒体甚至能创造更为社会化的因素，借由电子连带所形成的社会网络影响着知识共享（张庆普和单伟，2004）。罗伯特、丹尼斯和阿胡亚（Robert，Dennis & Ahuja，2008）对虚拟团队的实验研究发现，社会资本可以通过提高虚拟团队知识整合来降低电子媒体的负面影响。谢里夫（Sherif，2001）认为，知识管理系统并非直接作用于知识整合，而是通过促进团队社会资本发展来促进知识整合。基于此，本文提出如下假设：

假设 H4-4 电子沟通情境下，虚拟团队知识整合在社会资本与创新绩效的关系中具有中介效应。

第二节 研究方法

本章所涉及的变量主要包括虚拟团队社会资本、知识整合和创新绩效等，问卷设计主要采用国内外研究中成熟的测量量表或项目。由于虚拟团队社会资本缺乏广为认可的测量量表，本章结合电子沟通情境和相关文献归纳，通过小样本预测试，发展适合本研究的电子沟通情境下虚拟团队社会资本的量表。

一、变量测量

为保证问卷设计的有效性，各变量的测量尽量以国际国内顶尖期刊论文量表为参考，并结合电子沟通情境特点和专家意见对量表问项进行调整、整合和扩展（如表4-1所示）。本章所有量表均采用李克特7点计分法，且利用 SPSS22.0 或 AMOS20.0 软件对调研数据进行分析。

因变量：电子沟通情境下虚拟团队创新绩效，其测量参考洛夫莱斯、夏皮罗和魏因加特（Lovelace，Shapiro & Weingart，2001）和郭贵林（2008）的研究，共设计了5个题项。

自变量：电子沟通情境下虚拟团队社会资本，从结构维、关系维和认知维三个方面进行测量。其中，虚拟团队社会资本结构维主要参考杨乃定、闫晓霞和祝志明（2006）、汪轶（2008）的观点，共设计了 10 个题项；关系维的测量参考耶尔文佩等（Jarvenpaa et al.，1998）和郭贵林（2008）的研究，共设计了 11 个题项；认知维的测量参考蔡和戈沙尔（Tsai & Ghoshal，1998）、梅尔和阿什福思（Mael & Ashforth，1992）和汪轶（2008）的观点，共设计了 9 个题项。

中介变量：电子沟通情境下虚拟团队知识整合，参照里德尔和胡夫（Ridder & Hooff，2004）、法雷尔（Farrell et al.，2005）、汪轶（2008）的观点，共设计了 7 个题项。

为了排除研究的可能解释，以提高本研究的稳健性，本章控制了某些可能对本研究的结论有影响的变量，主要包括被调查人的性别、学历、团队的规模、职能和发展阶段等。

表 4 - 1 变量的测量题项

变量	序号	题项	参考文献
社会资本结构维	S1	在团队成立之初，我们会对团队任务和成员角色做出明确的定位	杨乃定，闫晓霞，祝志明（2006）和汪轶（2008）
	S2	我们团队成员之间联系很频繁	
	S3	我们愿意通过信息通信技术经常与团队其他成员合作交流	
	S4	我们使用最为频繁的交流工具是电话，其次是社交网络	
	S5	当需要与其他成员联系时，我们知道采用何种方式能够联系上他（她）	
	S6	我们更愿意与工作能力强的成员沟通交流工作	
	S7	我们都掌握一定的计算机信息技术，采用电子方式进行交流完全没有问题	
	S8	我们能熟练编制电子文档、上网、收发邮件，或能熟练运用音频、视频会议系统	
	S9	我们成员间仍然会不定期地进行面对面交流	
	S10	我们成员间的相互请求通过电子网络能得到快速响应	

变量	序号	题项	参考文献
社会资本关系维	R1	我们相信团队其他成员能够承担其所需要完成的任务	Jarvenpaa, Leidner & Knoll (1998); 郭贵林 (2008)
	R2	我们相信团队其他成员掌握的专业知识是可以信赖的	
	R3	我们相信团队其他成员具有可靠的工作道德	
	R4	我们认为其他团队成员都具有较强的处理人际关系的能力	
	R5	我们总是关心对方的利益不受损害	
	R6	在完成任务的过程中我们团队成员间协调很好	
	R7	在这个团队中让我们觉得缺乏归属感	
	R8	我们希望自己能有一种有效的方法来监督其他成员按计划完成任务	
	R9	我不能确定其他成员也和我一样对团队有一份强烈的责任感	
	R10	团队成员认为我们是可以信赖的	
	R11	我们认为团队其他成员是可以信赖的	
社会资本认知维	C1	我们团队成员的整体目标相当一致	Tsai & Ghoshal (1998); Mael & Ashforth (1992); 汪轶 (2008)
	C2	我们团队成员的具有比较一致的价值观	
	C3	我们总是能自由轻松地分享我们的观念、看法	
	C4	我们团队的成功就是我的成功	
	C5	这个团队对我有很大的吸引力	
	C6	对于团队中最重视的事项,团队成员具有共识	
	C7	当谈论我们团队时我经常是用的"我们"而非"他们"	
	C8	当工作中出现失误时,团队成员敢于承认自己的过失	
	C9	对于我认为需要改进的方面,我能够用其他成员易于接受的方式表达自己的意见	
知识整合	K1	和其他成员分享我的经验或知识会使我在团队中的声望提升	Ridder & Hooff (2004); Farrell 等 (2005); 汪轶 (2008)
	K2	我们经常利用计算机网络等信息媒介向其他成员请教其他专业问题	
	K3	我觉得和团队其他成员一起交流形成新的创意是令人振奋的事情	
	K4	我们能有效地整合已有知识并产生新知识用于新用途	
	K5	我们非常精于整合知识以解决问题和创造机会	
	K6	分享的知识经常是个人的私有技能、经验、体会和工作诀窍	
	K7	我会主动和团队其他成员共享我获得的信息	

续表

变量	序号	题项	参考文献
创新绩效	P1	团队中总是出现出人意料的新点子和创意	Lovelace，Shapiro & Weingart（2001）；郭贵林（2008）
	P2	与其他竞争对手相比，我们项目的完成率很高	
	P3	在参与团队过程中，我们学习到了新知识或技术，并能将这些新知识有效的应用到新一轮的团队任务中	
	P4	学习到的新知识或技术有利于我们所在团队维持在此领域的竞争地位	
	P5	我们团队成员之间合作非常愉快	

二、预测试分析及问卷修正

为保证问卷设计的有效性，通过对电子沟通情境下虚拟团队小样本问卷的探索性因子分析，以净化和得到电子沟通情境下虚拟团队正式量表。小样本数据来源于浙江省金华地区 25 家企业的虚拟团队，针对本章的研究情境对样本进行选取，共发放问卷 50 份，回收有效问卷 30 份，有效率为 60%。小样本数量达到了荣泰生（2009）提出的标准，可以进行小样本数据分析。

采用 CITC 法和 α 信度系数法对初始量表进行第一次净化和修正，结果显示，得到电子沟通情境下虚拟团队社会资本结构维、关系维、认知维、知识整合和创新绩效的 α 信度系数分别为 0.750、0.717、0.897、0.876 和 0.836。其中，社会资本结构维和关系维的 CITC 值小于 0.3 的标准值，但在分别删除社会资本结构维的 S1（CITC = 0.287）、关系维的 R9（CITC = 0.085）和 R7（CITC = 0.245）三个题项后，社会资本结构维的信度由 0.750 上升至 0.796，而关系维的 α 信度系数也由 0.717 上升至 0.823，而且量表中未出现 CITC 值小于 0.3 的条款。对量表进行第一次修正后，得到电子沟通情境下虚拟社会资本结构维、关系维、认知维、知识整合和创新绩效的 α 信度系数分别为 0.796、0.823、0.897、0.876 和 0.836，均高于 0.7 的标准值，说明第一次净化后的量表具备内部一致性。

采用探索性因子分析对初始量表的结构效度进行了检验，分别在保持所有题项及删除 3 个题项（S1、R9 和 R7）的两种情况下，通过主成分分析法和方差最大正交旋转法（Varimax）进行了探索性因子分析和比较。结果表明，删除 S1、R9 和 R7 题项后的结果显示出较好的结果。具体而言，首先，对净化后的量表进行 KMO 充分性检验的结果显示，电子沟通情境下虚拟团队社会资本结构维、关系维、认知维、知识整合和创新绩效的 KMO 分别为 0.680、0.826、0.694、0.801 和 0.727，均大于 0.6 的标准值。其次，对第一次修正后的量表进行巴特莱特（Bartlett）球体检验，得到当卡方检验的概率（Sig.）均为 0，均小于 0.05 的标准值。综合上述检验的结果表明，第一次净化后的量表适合进一步做因子分析。

因此，进一步通过主成分分析法和方差最大正交旋转法，对第一次修正得到的初始量表进行第二次修正。提取特征值大于 1 的因子，将社会资本结构维归纳为互动方式、互动质量和互动强度三个主成分，将社会资本关系维分为关系信任和关系互助，将创新绩效分为创新效率和创新效能两个主成分。分析的结果同时也显示，抽取的因子对社会资本结构维、关系维和创新绩效的累积方差解释率分别为 68.63%、82.15% 和 85.13%。

但是，在提取主成分时，认知维的 C1 和 C2 题项（两个因子的载荷系数均大于 0.5），以及知识整合的 K2 和 K5 题项出现了横跨两个因子的情况，因此，分别删除 C1、C2、K2 和 K5 题项。删除这些题项后，再次对第二次修正后的量表进行探索性因子分析，结果显示抽取的因子对认知维和知识整合的累积方差解释率分别为 71.40% 和 75.42%。其中，认知维分为相似价值观和团队认同两个因子，知识整合分为知识贡献和知识共享两个因子。综合上述结果发现，经过两次修正后各分量表的累积方差解释率均高于 60% 的标准值，且各分量表的各题项的因子载荷系数均大于 0.5 的标准值，也没有出现题项横跨因子的情况，说明经过两次修正后各分量表均具有很好的结构效度，据此得到电子沟通情境下虚拟团队的最终量表。

由小样本的预测试分析结果可知，经过上述两次修正后得到的最终量表的信效度符合要求，因此可以开展大样本调研。最终量表中，因变量电子沟通情境下虚拟团队创新绩效共 5 个题项，自变量虚拟团队社会资本结构维共 9 个题项、关系维共 8 个题项、认知维共 5 个题项，中介变量虚拟团队知识整合共 5 个题项。

三、大样本数据收集

在上述预测试与问卷修正后，进行电子沟通情境下虚拟团队正式的大样本调研，抽样范围确定为浙江省，从中选择 60 家企业存在且愿意配合调研的 150 个虚拟团队进行问卷调研。共发放 300 份，共回收有效性问卷 187 份，问卷的有效回收率为 62.3%。有效性问卷中，个体特征方面，男性占 57.2%、女性占 42.8%，高中和中专及以下占 5.3%、大专及同等学力占 36.4%、大学本科及同等学力占 48.1%、研究生及以上占 10.2%。团队特征方面，团队职能类型上管理型占 24.6%、生产型占 8.0%、销售型占 32.6%、采购型占 5.3%、研发型占 9.6%、其他类型占 19.8%；团队规模（人数）上 20.9% 为 10 人（含）以下、29.9% 为 11~20 人（含）、17.1% 为 21~30 人（含）、32.1% 为 30 人以上；团队发展阶段上形成期团队占 16.6%、整合期团队占 29.4%、完善期团队占 27.8%、实施期团队占 20.9%、转型期团队占 5.3%。利用大样本数据，进行如下的实证分析与讨论。

第三节　实证分析与研究结果

一、信度和效度检验

通过 Cronbach'α 系数分析电子沟通情境下虚拟团队量表信度，并根据项目总相关系数 CITC 值来决定测量条款删除与否。信度分析的检验结果显示，社会资本结构维、社会资本关系维、社会资本认知维、知识整合和创新绩效的 α 系数依次为 0.869、0.889、0.862、0.843、0.864，均大于 0.8 的标准值，且各条款的 CITC 值均都大于 0.3 的标准值，表明量表具有良好的信度。同样通过主成分分析法对效度进行检验，取特征值为 1，采用最大方差法提取因子得到各条款的因子载荷系数均高于 0.5，且不存在测量条款横跨因子的结果，表明电子沟通情境下虚拟团队的量表具备较好的区分效度。

二、模型拟合度检验

运用 AMOS20.0 对电子沟通情境下虚拟团队模型的拟合度进行验证，采用 χ^2/df、GFI、AGFI、IFI、NFI、RMSEA 等拟合度指标，分析结果表明，测量条款 S6 的因子负荷都低于 0.5 的基准值，可能由于 S6 和 S7 相似，因此从模型中剔除题项 S6。然后，对各模型拟合指标重新估计（如表 4 - 2 所示）。由表 4 - 2 可知，各拟合度指标均在可接受区间内，可见本研究假设模型与问卷调研数据间具有一致性，电子沟通情境下虚拟团队的理论模型得以成立。

表 4 - 2 修正后各变量的拟合度指标 （N = 187）

指标名称	χ^2/df	GFI	AGFI	NFI	IFI	CFI	RMSEA
社会资本结构维	2.475	0.954	0.902	0.936	0.961	0.960	0.089
社会资本关系维	1.182	0.977	0.952	0.976	0.996	0.996	0.031
社会资本认知维	2.925	0.945	0.882	0.928	0.951	0.951	0.102
知识整合	3.046	0.972	0.915	0.958	0.972	0.971	0.105
创新绩效	0.503	0.996	0.983	0.995	1.000	1.000	0.000
整体模型	3.964	0.882	0.882	0.879	0.901	0.942	0.086

三、回归分析及假设检验

采取逐步回归方法，检验本章提出的假设（如表4-3所示）。由表4-3的分析结果可见，其方差分析的 F 值均在0.05的显著水平（ $p < 0.05$ ）。表4-3中的模型4-3结果显示，社会资本结构维（ $b = 0.316$ ， $p < 0.05$ ）、关系维（ $b = 0.096$ ， $p < 0.1$ ）和认知维（ $b = 0.142$ ， $p < 0.05$ ）对知识整合具有正向作用，其中，结构维和认知维对知识整合的作用具有显著性，可见假设 H4-1a 和 H4-1c 均得到了验证，而关系维对知识整合的作用不具有显著性，可见 H4-1b 没有得到验证。结合模型4-2和4-3结果的可以推论，关系维可能是通过结构维和认知维间接正向作用于知识整合。

表4-3中的模型4-6结果也显示，社会资本结构维（ $b = 0.241$ ， $p < 0.001$ ）、关系维（ $b = 0.176$ ， $p < 0.001$ ）和认知维（ $b = 0.143$ ， $p < 0.001$ ）对创新绩效的影响均为正并显著，假设 H4-3a、H4-3b 和 H4-3c 均得到了验证。总体模型4-7结果则显示，知识整合（ $b = 0.244$ ， $p < 0.001$ ）对创新绩效具有正向的显著影响，假设 H4-2 得到了验证。

表4-3　　　　　　　　　　回归分析结果（N=187）

变量	知识整合			创新绩效			总体模型
	M4-1	M4-2	M4-3	M4-4	M4-5	M4-6	M4-7
社会资本结构维	0.468 *** (0.023)	0.352 * (0.037)	0.316 * (0.040)	0.446 *** (0.027)	0.278 *** (0.044)	0.241 *** (0.047)	0.164 *** (0.054)
社会资本关系维		0.178 * (0.046)	0.096 (0.057)		0.258 *** (0.055)	0.176 *** (0.068)	0.153 *** (0.068)
社会资本认知维			0.142 * (0.040)			0.143 *** (0.072)	0.108 (0.072)

续表

变量	知识整合			创新绩效			总体模型
	M4-1	M4-2	M4-3	M4-4	M4-5	M4-6	M4-7
知识整合							0.244 *** (0.086)
R^2	0.701	0.723	0.731	0.593	0.637	0.645	0.660
ΔR^2	0.699	0.720	0.727	0.591	0.633	0.639	0.652
F	433.233 *	240.201 *	165.919 *	269.986 *	161.644 *	110.806 *	88.283 *

注：* 表示 $p < 0.05$，** 表示 $p < 0.01$，*** 表示 $p < 0.001$；（　）内的数字表示标准误差。

进一步对比模型 4-6 和总体模型 4-7 结果发现，在知识整合的影响下，社会资本的结构维和关系维对创新绩效的影响作用在减弱，但认知维对创新绩效的影响并未达到显著水平（$b = 0.108$，$p < 0.1$，见模型 4-7），表明知识整合在社会资本与创新绩效之间只起部分的中介作用，假设 H4-4 只得到了部分验证。

第四节　本章小结及管理启示

一、研究结论

对电子沟通情境下虚拟团队社会资本、知识整合与创新绩效的关系进行实证检验后，得出的研究结论如下：（1）电子沟通情境下虚拟团队社会资本的结构维和认知维均正向显著影响其知识整合，但关系维对知识整合不具有显著的影响。相对传统团队而言，高效、多种媒介共享有助于虚拟团队成员之间进行及时沟通与知识整合，虚拟团队的知识整合依赖成员之间的关系信任和关系互动，成员之间的相似价值观和团队认同有助于促进虚拟团队的知识整合。（2）电子沟通情境下虚拟团队社会资本的三个维度均正向显著影响其创新绩效，其中社会资本的三个维度对创新绩效的影响作用以结构维（$b = 0.241$，$p < 0.001$）为最大，其次是关系维（$b = 0.176$，$p < 0.001$），而认知维（$b = 0.143$，$p < 0.001$）的影响作用最小。因此，相对传统团队而言，虚拟团队更应积极发展以结构性、关系性和认知性为核心的社会资本，从而有效地实现其高水平的创新绩效。（3）电子沟通情境下虚拟团队知识整合对创新绩效起正向的促进作用（$b = 0.244$，$p < 0.001$），而且知识整合在社会资本与创新绩效的关系中起部分中介作用。因此，虚拟团队都应着力发展社会资本，以降低和消除知识整合过程中的成本与障碍，进而提升其创新绩效。

二、理论贡献

本书的理论贡献主要体现为如下两个方面：（1）对电子沟通情境下虚拟团队的社会资本进行了实证研究，推进了团队社会资本研究的理论发展，为研究电子沟通情境下虚拟团队社会资本、知识整合及其对创新绩效的内生作用提供了新的理论视角。信息技术情境改变了团队社会资本的发展轨迹，本书归纳了电子沟通情境下虚拟团队社会资本的结构维（互动方式、互动质量和互动强度）、关系维（关系信任和关系互助）和认知维（相似价值观和团队认同）的特征表现，为促进虚拟团队知识整合与提升其创新绩效的管理实践提供了理论借鉴。（2）探索了电子沟通情境下虚拟团队创新绩效形成机制的混合效应，并证实了知识整合发挥的中介效应。相对传统团队而言，虚拟团队本质特点使得虚拟团队创新绩效的形成过程更为复杂。对电子沟通情境下虚拟团队社会关系网络的实证分析，发现了知识整合在虚拟团队社会资本与创新绩效关系中的中介效应，为深入探索虚拟团队创新绩效形成过程提供了实证素材。

三、管理启示

本书的研究结果对于中国企业的虚拟团队管理实践具有启示意义。（1）相比传统团队而言，虚拟团队成员间的知识整合更为简洁迅速，其团队成员可以便捷地从虚拟网络中获取异质性知识。管理者可以通过丰富的、多元化的信息技术媒介的运用，增进团队成员间的联系方式、质量和频率，推进虚拟团队更便捷顺利地进行知识整合。（2）相比传统团队而言，信息技术平台上的虚拟团队成员间的沟通更为清晰明了，虚拟团队管理者更要重视建立具有共同认知的、和谐的团队关系网络与氛围，并兼以构建定期的面对面沟通机制以强化团队成员的归属感与信任，以此有效地提升创新绩效。（3）相比传统团队而言，虚拟团队具有沟通虚拟性、暂时性及短期任务导向等特点，管理者更要重视对虚拟团队的合作行为管理，通过积极构建成以团队目标为导向、以良好私人关系为基础的体制规范和知识交流圈，降低任务完成过程中不必要的冲突与摩擦，使现代信息技术与社会资本相得益彰，以最大限度地激发虚拟团队的创新潜力。

四、研究局限及展望

本章基于电子沟通情境下的研究视角，探索了虚拟团队的创新绩效形成机制的异质性，并得到了一些有意义的结论。但是仍存在如下不足之处：（1）仅采用了在问卷调查基础上的统计分析，但没有具体的案例研究法、实验研究法或是观察研究法的支撑，因而得出的实证研究结论是不充分的。（2）主要通过电子沟通情境下虚拟团队社会资本对知识整合、创新绩效的影响机制进行了探索，但仍未将虚拟团队与传统团队进行更彻底的对比分析。未来的相关研究中有待于进一步拓展和深化，从而得到更具本土化和应用价值的研究结论。（3）虽然样本涵盖了浙江沪地区，样本数量也达到了研究的基本要求，但是由于问卷填写人认真度的不可控性，用来实证分析的数据并不是真正意义上的大样本。在未来的相关研究中，应更注意问卷填写的质量与数量，以使相关研究结论更具科学性。

本章参考文献

［1］Bhandar, M., Pan, S. L., Tan, B. C. Y. Towards understanding the roles of social capital in knowledge integration：A case study of collaborative information system project［J］. Journal of the American Society for Information Science and Technology, 2007, 58（2）：263 –274.

［2］Bresman, H. Changing routines：A process model of vicarious group learning in pharmaceutical R & D［J］. Academy of Management Journal, 2012, 56（1）：35 –61.

［3］Burt, R. S. Structural holes：The social structure of competition［M］. Cambridge, MA：Harvard University Press, 1992：66 –69.

［4］Castellani, D., Jimenez, A., Zanfei, A. How remote R & D lab? Distance factors and international innovative activities［J］. Journal of International Business Studies, 2013, 44（7）：649 –675.

［5］Chidambaram, L. Relational development in computer supported groups［J］. MIS Quarterly, 1996, 20（2）：143 –165.

［6］Deboerm, V. V. Managing organizational knowledge integration in the emerging multimedia complex［J］. Journal of Management Studies, 1999, 36（3）：379 –398.

［7］Delong, D. W., Fahey, L. Diagnosing cultural barriers to knowledge management［J］. Academy of Management Executive, 2000, 14（4）：113 –127.

［8］Dennis, A. R., Wixon, B. H., Vandenberg, R. J. Understanding fit and appropriation effects in group support systems via meta-analysis［J］. MIS

Quarterly, 2001, 25 (2): 167 - 193.

[9] Farrell, J., Flood, P., MacCurtain, S., Hannigan, A., Dawson, J., West, M. CEO Leadership, Top Management Team Trust and the Combination and Exchange of Information [J]. Irish Journal of Management, 2005, 26: 22 - 40.

[10] Griffith, T. L., Sawyer, J. E. Virtualness knowledge in teams: managing the love triangle of organizations, individuals, and information technology [J]. MIS Quarterly, 2003, 27 (2): 265 - 287.

[11] Huang, J. C., Newell, S. Knowledge integration processes and dynamics within the context of cross-functional projects [J]. International Journal of Project Management, 2003, 21 (3): 167 - 176.

[12] Jarvenpaa, S. L., Leidner, D. E. Communication and trust in global virtual teams [J]. Organization science, 1999, 10 (6): 791 - 815.

[13] Jarvenpaa, S. L., Leidner, D. E., Knoll, K. Is anybody out there? Antecedents of trust in global teams [J]. Journal of Management Information Systems, 1998, 14 (4): 29 - 64.

[14] Lipnack, J., Stamps, J. Virtual teams: The new way to work [J]. Strategy and Leadership, 1999, 27 (1): 14 - 19.

[15] Lovelace, K., Shapiro, D. L., Weingart, L. R. Maximizingcross-functional new product teams' innovativeness and constraint adherence: A conflict communications perspective [J]. Academy of Management Journal, 2001, 44 (4): 779 - 793.

[16] Mael, F., Ashforth, B. E. Alumni and their alma mater: A partial test of the reformulated model of organizational identification [J]. Journal of Organizational Behavior, 1992, 13: 103 - 123.

[17] Majchrzak, A. A., Malhotra, R. J. Perceived individual collaboration know-how development through information technology-enabled contextualization: Evidence from distributed teams [J]. Information Systems Research,

2005，16（1）：9 – 27.

[18] McDonoug, E. F. , Kahn, K. B. , Barczak, G. An investigation of the use of global virtual and collocated new product development teams [J]. The Journal of Product Innovation Management, 2001, 18 (2)：110 – 120.

[19] Nahapiet, J. , Ghoshal, S. Social capital, intellectual capital, and the organizational advantage [J]. Academy of Management Review, 1998, 23 (2)：246 – 266.

[20] Powell, A. , Piccoli, G. , Ives, B. Virtual teams：A review of current literature and directions for future research [J]. The Data base for Advances in Information Systems, 2004, 35 (1)：6 – 36.

[21] Putnam, R. D. Making democracy work：Civic traditions in modern Italy [M]. Princeton：Princeton University Press, 1993：167.

[22] Ridder, J. , Hooff, B. Knowledge sharing in context：The influence of organizational commitment, communication climate and CMC use on knowledge sharing [J]. Journal of Knowledge Management, 2004, 8 (6)：117 – 130.

[23] Robert, L. P. , Dennis, A. P. , Ahuja, M. K. Social capital and knowledge integration in digitally enabled teams [J]. Information Systems Research, 2008, 19 (3)：314 – 334.

[24] Tsai, W. , Ghoshal, S. Social capital and value creation：The role of intra-firm networks [J]. Academy of Management Journal, 1998, 41 (4)：464 – 476.

[25] Tsai, Y. C. Effect of social capital and absorptive capacity on innovation in Internet marketing [J]. International Journal of Management, 2006, 23 (1)：157 – 166.

[26] Vincent, D. Research and development activities and innovative performance of firms in Luxembourg [J]. International Conference on Technology Management, 1999 (18)：731 – 744.

［27］Warkentin，M.，Beranek，P. M. Training to improve virtual teams communication［J］. Information Systems Journal，1999，9（4）：271 – 289.

［28］Zack，M. Developing a knowledge strategy［J］. California Management Review. 1999，41（3）：125 – 143.

［29］陈璐，赵峥，井润田. 个人人际网络特征对虚拟团队成员绩效影响的实证研究［J］. 科研管理，2012（6）：1250 – 1258.

［30］费孝通. 乡土中国［M］. 北京：北京大学出版社，1998.

［31］冯军政，刘洋，金露. 企业社会网络对突破性创新的影响［J］. 研究与发展管理，2015，27（2）：91.

［32］高闯，郭斌. 嵌入"礼"文化思想的中国组织社会资本分析［J］. 经济与管理研究，2011（7）：82 – 91.

［33］龚志周，王重鸣. 虚拟团队理论研究及其发展趋势［J］. 心理科学，2004（2）：496 – 498.

［34］郭贵林，许允琪. 新产品开发项目中 R & D 营销界面整合实证研究—以我国部分 IT 企业为例［J］. 科学学研究，2008，26（S1）：136 – 143.

［35］韩炜，杨婉毓. 创业网络治理机制、网络结构与新企业绩效的作用关系研究［J］. 管理评论，2015，27（12）：70.

［36］柯江林，孙健敏，石金涛等. 企业 R & D 团队之社会资本与团队效能关系的实证研究［J］. 管理世界，2007（3）：89 – 101.

［37］刘寿先. 企业社会资本与技术创新关系研究：组织学习的观点［D］. 济南：山东大学，2008.

［38］罗家德. 中国管理本质：一个社会网的观点［J］. 南京理工大学学报（社会科学版），2011，24（1）：31 – 40.

［39］宋方煜. 企业社会资本对创新绩效的影响：基于知识转移的视角［D］. 吉林：吉林大学博士学位论文，2012.

［40］宋源. 虚拟团队互动行为与团队创新关系研究［J］. 河南社会科学，2012（7）：47 – 51.

[41] 汪轶. 知识型团队中成员社会资本对知识分享效果作用机制研究 [D]. 杭州：浙江大学博士学位论文，2008.

[42] 汪应洛，李勖. 知识的转移特性研究 [J]. 系统工程理论与实践，2002（10）：8-11.

[43] 肖伟，赵嵩正. 虚拟团队沟通行为分析与媒体选择策略 [J]. 科研管理，2005，26（6）：56-60.

[44] 杨乃定，闫晓霞，祝志明. 基于 I-P-O 模型的虚拟研发团队类型比较 [J]. 研究研究与发展管理，2006，18（5）：15-21.

[45] 杨学勤，林凤. 论企业的知识整合 [J]. 中国科技信息，2006（3）：94.

[46] 张方华. 企业社会资本与技术创新绩效：概念模型与实证分析 [J]. 研究与发展管理，2006（6）：47-53.

[47] 张庆普，单伟. 企业知识转化过程中的知识整合 [J]. 经济理论与经济管理，2004（6）：47-51.

[48] 张喜征. 基于强联系的创新性虚拟项目团队知识整合研究 [J]. 情报杂志，2005，24（11）：8-10.

[49] 郑小勇，楼鞅. 科研团队创新绩效的影响因素及其作用机理研究 [J]. 科学学研究，2009，27（9）：1428-1438.

[50] 周小虎，陈传明. 企业社会资本与持续竞争优势 [J]. 中国工业经济，2004（5）：90-96.

第五章

中国文化情境下虚拟团队
创新绩效的形成机制

信息科技和网络技术的快速发展拉近了地理上的距离，全球化已形成一股强有力的浪潮席卷世界。由于全球区域经济整合，产业竞争日益激烈，各种全球性的国际组织陆续成立，国际贸易壁垒纷纷垮台，而现今企业的生存面临更剧烈的竞争压力。因此，企业必须建立竞争优势，拥有持续发展的核心竞争力以及寻找永续经营的方式（Koskinen & Vanharanta，2002）。信息技术已作为一种重要的生产力不断地渗透到企业经营运作中，新的组织形态、管理方式、领导方式以及团队形态也伴随着这一趋势而不断进化，虚拟团队应运而生。虚拟团队的诞生，从实质上改变了组织结构与运作形式，克服了组织界限，并将组织进行内外资源整合，使得组织能以最快的速度去适应环境的改变以及应对信息化与全球化的挑战。

第一节　研究背景

中国作为最大的发展中国家，已成为全球重要的经济体之一。中国正在对发达国家的经济运作等方面产生渗透与重要影响，与此同时，西方文化也日益进入到中国的生活、生产中。特别是西方管理思维已经渗透到中国企业中，对中国企业的发展和成长产生了一定的催化作用。然而，与西方文化自我和独立意识不同，中国文化（Chinese culture）是典型的儒家关系文化，具有关系取向、和谐导向以及高语境沟通等文化特点，成员往往根据合作者与自己的关系来决定对其信任程度，进而决定与其知识和信息的共享程度，因而也增加了其组织团队的复杂性。相对于西方的"团体格局"，中国人是"差序格局"（费孝通，1948），不易形成一般信任（罗家德和叶勇助，2007）。如上所述，中国文化强调个人在特定"差序格局"中的位置和针对"圈子"中因人而异的不同态度和行为（费孝通，1985）。中国社会的人际关系是"以人伦为经，以亲疏为纬"的人际网络和圈子（左斌，1993），表现为以中国独特的"礼"文化为根基、"家"为中心和"己"为中心（高闯和郭斌，2010）。

而且，在中国这种有着和合尚同、崇尚平等传统的文化环境中，特别容易形成这种道德主义信任，中国人重情爱亲、追求默契的倾向使得中国人之间的信任具有更大的强度和持续性（杨缨，2014）。而虚拟团队借助信息技术交流平台，团队成员间的交流与信任偏向于清晰明了和简洁迅捷，因而中国文化与虚拟团队存在内在的冲突性。综观文献，相关的研究大多从西方社会文化情境为背景来研究，而以中国独特的儒家关系文化情境为背景的虚拟团队研究较少。基于此，本章试图立足中国本土文化情境，着重研究虚拟团队社会资本对其创新绩效的影响，在以社会网络理论观点探讨虚拟团队社会资本的维度与结构的基础上，将研究重点延伸至知识整合与创新绩效的关系，进而提出有助于中国文化情境下虚拟团队创新绩效提升的管理启示。

第二节　理论拓展与研究假设

一、虚拟团队

虚拟团队是通过计算机媒介技术将不同地理位置、不同组织和不同文化的员工整合在一起来完成特定工作任务的团队（Griffith & Sawyer，2003；Henderson & Clark，1990），是个体形成的组群，这些个体主要在区域维度、架构维度、时间维度以及文化背景维度等不同维度上分散，其工作联系主要通过信息通信技术进行沟通（Zigrus，2003）。卡斯泰拉尼等（Castellani et al.，2013）在对跨国公司的研究中指出，对于运作不受距离影响的企业来说，其创造价值来源与一般企业相比较，主要是来自忽略距离成本这一优势。龚志周和王重鸣（2004）认为，虚拟团队是指为完成特定任务或共同目标，跨越时空障碍或组织边界，依靠电子信息技术而协同工作的群体。这里的"一起"并不是指真正意义上的特定的空间时间的同步调，而是一种在信息通信技术的支持下，使分布在世界各地的人能有效沟通交流完成既定任务，具有朝同一目标前进的思想进程的一种组织人力资源配置（龚志周和王重鸣，2004）。然而，虽然虚拟团队与传统团队相比，知识整合更为便捷，但虚拟团队因缺乏足够的实体亲密性（proximity）以及面对面互动（Nohria & Eccles，1992）。因此，虚拟团队在传统团队的基础上，叠加了另一个挑战，即如何利用信息技术来增加社会化因素进而提升虚拟团队效能。

二、社会资本

社会资本的相关研究成果较为丰富，学者们由各自不同的研究背景提出了有关社会资本的定义。社会资本的研究源于1916年有关社会关系和社会网络的研究，而相关领域的研究热潮则始于20世纪90年代。劳瑞（Loury，1997）最早用社会资本来解释经济活动，而布尔迪厄（Bourdieu，1997）最早正式定义了社会资本概念。布尔迪厄（1997）认为社会资本是通过关系网络获取和占有的现实的或潜在的资源集合体，但布尔迪厄（1985）和贝克尔（Baker，1990）将社会资本的范围仅仅限定在关系网络的结构上。而普特南（Putnam，1993）将社会资本看作是一种结构洞和获取关键知识的机会。林（Lin，1982）认为，社会资源能积极地促进人们自身的生存发展，林（2001）进一步研究指出，社会资本是个人通过摄取嵌入性资源以增强工具性行动或情感性行动中的期望回报而在社会关系上进行的投资。莫兰（Moran，2005）针对管理人员的研究表明，结构嵌入影响其销售绩效，关系嵌入影响其产品和流程创新绩效。朱国宏（1999）认为社会资本是一种凭借关系网络和社会结构而获取稀缺资源的能力，而柯江林（2007）则从团队内部的视角定义了团队社会资本。

相关研究也对社会资本的维度进行了划分，其中被借鉴最多的是纳比特和戈沙尔（Nahapiet & Ghoshal，1998）有关社会资本的结构维（structural dimension）、关系维（relational dimension）和认知维（cognitive dimension）三个维度阐述。而蔡和戈沙尔（Tsai & Ghoshal，1998）则将社会资本的三个维度具体界定为社会联结、信任与可信赖和共同愿景。默洛、贝尔和怀特威尔（Merlo，Bell & Whitwell，2006）则将社会资本界定为开放交流、信任文化与共享愿景三个维度。国内学者基本沿用了纳比特等（1998）、蔡等（1998）和默洛等（2006）的社会资本三个维度划分思想，并对社会资本进行了本土化的阐释和维度论述。高闯和郭斌（2010）对中国组织的社会资本的结构维度、关系维度及认知维度进行了定义，认为中国组织的社会资本结构维表现为以中国独特的"礼"文化为根基，关系维的特征表现为"家"为中心，而认知维的特征则表现为以"己"为中心。综合上述文献，本章以纳比特和戈沙尔（1998）所提出的结构维、关系维和认知维三个维度为问卷设计的基本思想。

三、创新绩效

虚拟团队作为一种新型的组织形式，要保持其持续的竞争力需要求团队具有高水平的绩效。与传统团队相比，任务有效性知识的共享就是虚拟团队最大的优势来源。虚拟团队实现了从知识再造到新知识的产生，知识管理也正是实现虚拟团队高绩效的一条非常有效的途径，而虚拟团队的创新本质是通过团队成员知识差异性进行知识的再造。哈梅尔（Hamel，2010）认为，管理创新会改变管理者的处事方式，管理创新包括理论创新、组织创新和工具创新，其中组织创新和工具创新更为重要。德鲁克（Drucker，1993）研究认为创新绩效是对企业技术创新结果的综合反应，蒂德（Tidd，1995）从过程创新、产品创新和服务创新来衡量创新绩效。哈格杜恩和克洛特（Hagedoorn & Cloodt，2003）认为，狭义的创新绩效是指根据企业将发明创造引入市场的程度测量的结果，广义的创新绩效是指从概念生成一直到将发明引入市场整个轨迹过程所取得的包括发明、技术以及创新三个方面的效能。文森特（Vincent，2005）等认为，企业创新绩效是指由于产品创新或过程创新活动带来的企业绩效提高。刘惠琴（2007）对创新绩效的研究表明，团队创新能力和创新行为这两个维度的内部一致性信度较高。郑小勇和楼鞅（2009）通过实证分析，证实了团队创新绩效的创新有效性和创新效率二维结构。

现有的实证研究表明，开放的沟通环境、团队成员的合作精神及信任能有效地促进创新（Garcı′a & Jose′Sanzo，2008），而社会资本对企业的学习及技术创新绩效有显著的正向影响（张鹏，2009）。莫兰（2005）的研究结果表明，相对于结构嵌入而言，关系嵌入对产品和流程创新绩效的影响更强。虽然虚拟团队在起始阶段凝聚力较低，但是随着虚拟团队成员交换的社交信息越来越多，能够形成较强的凝聚力（Burke & Chidambaram，1999）。虽然虚拟团队与传统团队相比，更多是任务导向而较少社会情感导向，但是随着时间的推移，虚拟团队的任务导向将明显减弱，而情感导向将明显加强（Warkentin & Beranek，1999）。虚拟团队同样有可能形成较高的信任。但虚拟团队遵循的是迅捷信任模式而非传统信任模式，由于时空的分散性及合作的短期性，在缺乏面对面沟通的情况下成员很难对信任做出评估，因此信任必须迅速形成（McDonoug，Kahn & Barczak，2001）。

四、知识整合

知识管理问题是虚拟团队的研究中一个重要分支。扎克（Zack，1999）认为，知识整合是组织将知识通过整理、分享与扩散到组织内各处，从而增进使用的方便性并使知识有效利用，以达到良好的绩效。知识整合能促进知识创新以及好的绩效表现，因此企业竞争力是源自于其整合与累积员工知识的能力（Grant，1996；Petroni，1998）。佐罗和温特（Zollo & Winter，2002）认为，知识整合的动态能力包含不断的经验累积、知识链接和知识系统化等学习的机制。亨德森和克拉克（Henderson & Clark，1990）从结构创新的角度，提出知识整合就是组织的知识结构在外部市场需求的带动下，通过一定的解决方案而产生的新知识的过程。以此为基础，众多的学者将知识整合的概念做了延展，黄和纽厄尔（Huang & Newell，2003）把知识整合的概念理解为，将共享此一信念借由团队成员之间互动来进行，以形成、表述并重新定义的一个不中断的整体过程。

学者进一步对知识整合能力（Boer，1999）、组织学习（Sinkula，2007）、战略柔性（Katsuhiko，2004）、知识源化战略（付敬、朱桂龙，2014）和组织氛围（Bock，2005）等方面进行了大量的研究。李金华、孙东川（2006）认为，企业创新网络由主体间各种正式关系和非正式关系交织而成，创新主体为适应创新复杂性的一种组织涌现；徐二明、徐凯（2012）认为，联盟中的资源互补能够提高联盟的财务绩效与创新。此外，知识整合能力（谢洪明、吴溯和王现彪，2008；陈钰芬、陈劲，2012）、组织学习（徐二明、陈茵，2009）等对创新绩效的影响研究，也引起了国内一大批学者的关注。

随着信息技术的发展，在计算机媒介沟通领域中，如何使用高级信息技术实现合作和知识整合成为研究的重点内容（Yoo & Alavi，2001）。格兰特（Grant，1996）认为，团队最重要的能力就是知识的整合能力。研究表明，社会化的活动将有助于知识整合（Inkpen & Tsang，2005），但对于虚拟团队而言，跨地域特性使得面对面沟通机会减少，因此社会化因素缺失成为虚拟团队知识整合的一个重要障碍（Burke & Chidambaram，1999；肖伟和赵嵩正，2005；DeSanctis & Poole，1994；Dennis & Wixon，2001）。现有研究也表明，社会化因素缺失以及虚拟沟通的信息损失问题不是单纯依靠某一种单一方式所能解决的，社会化因素侧重于解决知识整合过程中团队成员知识贡献、共享的意愿问题，但无法处理好信息损失问题。

五、虚拟团队社会资本、知识整合与创新绩效的关系

综上所述，团队最重要的能力是知识整合能力，而虚拟团队最重要的资源就是成员知识（Dennis，1996）。对高绩效的虚拟团队而言，团队成员不仅要综合已有知识，更要使用已有知识产生新知识，从而创造性地解决问题。虚拟团队相比传统团队而言，最大的优势就是知识的共享便捷性，虚拟团队更有利于实现知识的再造与溢出。格兰特（1996）则认为，社会资本对于知识整合来说，发挥着不可替代的作用，虚拟团队的社会资本对知识整合具有显著的影响。虚拟团队内部的社会资本与信息技术平台，提供了团队成员从内部获得广泛知识的途径。但相关研究也表明，彼此之间信任程度越高，就越有可能发生知识整合。厄克胡森和艾森哈特（Okhuysen & Eisenhardt，2002）指出，在了解个体与个体间微小的社会互动之后，才能进行知识整合，也就是说，个人在组织中建立网络的关系会支持个人及组织的知识整合。

虽然知识整合对虚拟团队绩效很重要，但是现有研究同时发现，许多虚拟团队并不能很好地整合知识（Stasser & Stewart，1992），不存在一个确定性机制能将虚拟团队中的零星分散的个体组件性知识集结成综合的组织知识（Newell，Swan & Galliers，2000）。交易记忆约束、相互理解不足、情景知识失效以及组织联系失灵四种问题，会制约虚拟团队知识整合（Alavi & Tiwana，2002）。现有研究也表明，知识管理系统可以直接解决

虚拟团队知识整合中的上述问题，而且知识管理系统并非直接作用于知识整合，而是通过促进团队社会资本发展的基础上，从而促进了知识整合（Alavi & Tiwana，1996）。而且，只有通过一定的知识共享、知识利用和知识合作等社会互动过程，才能将个体组件性知识整合成为团队集成知识（Reus & Liu，2004）。信息技术及交互记忆系统支持下的知识共享和应用能提升组织绩效（Choi，2010）。综上所述，提出以下假设：

假设 H5 - 1a　中国文化情境下，虚拟团队社会资本结构维与知识整合能力呈正相关系。

假设 H5 - 1b　中国文化情境下，虚拟团队社会资本关系维与知识整合能力呈正相关系。

假设 H5 - 1c　中国文化情境下，虚拟团队社会资本认知维与知识整合能力呈正相关系。

虚拟团队这一组织形式的最大优势就在于资源整合，而资源整合中最主要的就是知识整合。团队成员来自不同的组织、部门，具有不同的专长，因此为了完成任务目标，团队成员之间势必要进行知识分享、沟通，再转化自身的知识或创造新知识，也就是知识整合。知识整合程度越高，知识贡献与转化的程度就越高，进而对于团队绩效具有推进作用。社会资本对于创新绩效推进的效应，也得到相应研究的支持。张方华（2006）根据210家企业的数据收集进行实证检验，验证了企业社会资本是借助于资金资源、信息资源和知识的取得而对技术创新绩效产生功效。宋方煜（2012）认为，社会资本可以为企业提供来自外部资源的途径以及开拓市场的机会，从而帮助企业提高创新能力进而达到提升创新绩效之目的。大量研究结果显示，社会资本是藉由中间变量而对创新绩效产生正向关系的。

相对传统团队而言，虚拟团队最大的优势来源于任务知识的共享，因而知识管理是实现虚拟团队高绩效的一条有效的途径。同时，相对传统团队而言，虚拟团队成员面对面沟通机会不多，影响员工归属感与忠诚度以及团队凝聚力与承诺，进而影响绩效。吕雷和莱辛哈尼（Lurey & Raisinghani, 2001) 提出的虚拟团队的效能模型, 其中输入包括组织、任务、情景和技术等因素, 并认为技术与沟通对团队效能具有显著的影响。马硕、杨东涛和陈礼林 (2011) 验证了凝聚力影响虚拟团队绩效, 而沟通在凝聚力与绩效的关系中起调节作用。通过分析, 本研究选择知识整合为中介变量, 探讨社会资本对创新绩效的作用机制。虽然学者们已经对社会资本对创新绩效的作用得出了一定的结论, 但是对于本土化虚拟团队的社会资本与创新绩效之间关系仍然薄弱, 这也是本研究的主要研究目的。通过上述文献的分析, 本书提出以下研究假设:

假设 H5 - 2　中国文化情境下, 虚拟团队知识整合能力对创新绩效呈正相关系。

假设 H5 - 3　中国文化情境下, 虚拟团队社会资本对创新绩效呈正相关系。

假设 H5 - 4　中国文化情境下, 虚拟团队社会资本对创新绩效的正向关系中, 知识整合具有中介变量的作用。

第三节　变量测量与研究方法

一、变量测量

为保证问卷设计的有效性, 各变量的测量基于现有研究成果, 并结合信息技术、中国文化特点和专家意见对量表问项进行调整、整合和扩展 (如表5 - 1所示)。所有量表均采用李克特7点计分法。

因变量: 中国文化情境下虚拟团队创新绩效, 其测量参考蔡和戈沙尔 (1998) 的研究, 针对虚拟团队创新特点, 增加"本团队能快速响应顾客需求进行组织创新"题项, 共设计了5个题项。

自变量: 中国文化情境下虚拟团队社会资本, 从结构维、关系维和认知维三个方面进行测量，其中虚拟团队社会资本结构维主要参考默洛、贝尔和怀特威尔（2006）、布雷斯曼（Bresman，2012）、刘贞妤（2006）的观点，共设计了 10 个题项；关系维的测量参考派克和罗（Park & Luo，2001）、谭、杨和韦利亚（Tan，Yang & Veliyath，2009）的研究，共设计了 10 个题项；认知维的测量参考洛夫莱斯、夏皮罗和魏因加特（Lovelace，Shapiro & Weingart，2001）、柯江林（2007）的观点，共设计了 7 个题项。

中介变量：中国文化情境下虚拟团队知识整合，从知识贡献和知识转化两个维度进行测量，参照野中（Nonaka，1994）、扎赫拉（Zahra，2002）的观点，结合虚拟团队特点，增加"为适应本团队任务的变化，我们能有效率且灵活的使用和获取新知识"题项，共设计了 7 个题项。

为了排除研究的可能解释，以提高本研究的稳健性，本研究控制了某些可能对本研究的结论有影响的变量，主要包括：被调查人的性别、学历、团队的规模、职能和发展阶段等。

表 5 – 1 变量的测量题项

变量	序号	题项	参考文献
社会资本结构维	A1	我们经常通过 QQ、E-mail、OA、微平台、移动电话或可视电话会议与本团队成员交流	Merlo，Bell，Menguc & Whitwell（2006）；Bresman（2012）；刘贞妤（2006）
	A2	本团队使用最多的信息技术交流工具是电话、可视电话会议，其次是社交网络	
	A3	我们成员间也会偶尔产生不定期的面对面交流	
	A4	电子媒介沟通相对面对面沟通，更便捷和灵活	
	A5	当需要与其他成员联系时，我知道采用何种方式能够联系上他（她）	
	A6	本团队成员间的社会交往比工作交往更频繁	
	A7	我在工作中了解到本团队其他成员的专长	
	A8	我们愿意就工作中的决策问题与其他成员之间交换意见和想法	
	A9	我们成员之间联系比较频繁	
	A10	信息技术增强了本团队的协作能力	

续表

变量	序号	题项	参考文献
社会资本关系维	B1	在本团队成立之初，就对本团队的任务和成员角色做出了明确的定位	Park & Luo（2001）；Tan，Yang & Veliyath（2009）
	B2	我更愿意与工作能力强的成员沟通交流工作	
	B3	我可以放心地把关键任务交给团队能胜任的成员	
	B4	当其他成员有求于我，我会尽力帮助他们	
	B5	我们能通过信息技术相互了解彼此工作计划的完成进度	
	B6	当工作中出现失误时，团队成员勇于承认自己的过错	
	B7	在本团队合作中，我们能做到言行一致	
	B8	我们都为建立良好工作关系而努力投入情感	
	B9	我们相信本团队其他成员掌握的专业知识是可以信赖的	
	B10	其他成员会就我对工作中困难的诉说认真倾听	
社会资本认知维	C1	为了完成团队的目标，我们总是努力工作	Lovelace，Shapiro & Weingart（2001），柯江林（2007）
	C2	我们对团队总目标的看法比较一致	
	C3	当谈论本团队时，我经常是用的"我们"而非"他们"	
	C4	对于团队的重要事项，我们均能达成共识	
	C5	我们能用其他成员易于接受的方式表达自己的意见	
	C6	我们能够很好地理解他人所讲的专业术语	
	C7	我们对团队中所涉及专业领域的符号、用语、词义都很清楚	
知识整合	K1	我经常与本团队其他成员通过各种方式分享私人的工作技能、经验、体会和诀窍	Nonaka（1994），Zahra（2002）
	K2	我觉得和本团队其他成员一起交流形成新的创意是鼓舞兴奋的事情	
	K3	和其他成员分享我的经验或知识，可以提升我在本团队中的声望	
	K4	完成团队目标过程中，我们能提出许多新点子	
	K5	为适应本团队任务的变化，我们能有效率并且灵活的使用和获取新的知识	
	K6	我们能从本团队学习到新知识或技术，而且可以将这些新知识有效地应用到新的团队任务中	
	K7	学到的新知识或技术有利于本团队维持在此领域的竞争地位	

变量	序号	题项	参考文献
创新绩效	P1	本团队提出的新点子数量较多	Tsai & Ghoshal (1998)
	P2	本团队解决技术上的难题较快	
	P3	本团队能快速响应顾客需求，进行组织创新	
	P4	本团队拥有比较多数量的研发创新成果	
	P5	本团队经常可以开发出一些能被市场接受的产品或服务	

二、预测试分析

在做大样本调研前，利用小样本问卷和SPSS22.0软件，对量表进行探索性因子分析，以验证量表是否适合做因子分析及测量条款设计的合理性。小样本数据来源于浙江省金华地区的企业的虚拟团队，共发放问卷80份，回收69份，其中回收的有效问卷为42份。采用探索性因子分析（EFA）对初始量表的结构效度进行检验，得到虚拟团队社会资本结构维、关系维、认知维、知识整合和创新绩效的KMO值分别为0.750、0.860、0.864、0.866和0.860，均大于因子分析的最低值0.7的标准值，且Bartlett球体检验是显著的（$P = 0.000$），说明样本数据适合做因子分析。进一步的因子分析表明，测量条款B10与B6存在横跨两个因子的结果，且此两个因子的载荷系数均高于0.5的基准值，所以删除B10和B6这两个测量条款。从而得到本章的正式问卷，用于进行大样本的实证分析与检验。

三、大样本问卷收集

考虑到虚拟团队成员的区域模糊性，正式的大样本调查问卷的发放范围为浙江、上海和江苏地区企业的虚拟团队，共发放300份，回收269份，其中的有效性问卷为214份，问卷的有效回收率为71.3%。大样本数据的基本情况，如表5-2所示。

表5-2　　　　　　　　　　　样本基本情况

样本特征		样本数	百分比	样本特征		样本数	百分比
性别	男	119	55.61%	团队职能	管理	45	21.0%
	女	95	44.39%		生产	19	8.9%
学历	高中、中专及以下	10	4.67%		销售	70	32.7%
	大专及同等学力	71	33.18%		采购	15	7.0%
	大学本科及同等学力	97	45.33%		研发	23	10.7%
	研究生及以上	36	16.82%		其他	42	19.6%
团队规模	少于10人	40	18.7%	团队阶段	形成期	36	16.8%
	11~20人	74	34.6%		整合期	64	29.9%
	21~30人	32	14.9%		完善期	67	31.3%
	30人以上	68	31.8%		实施期	37	17.3%
					转型期	10	4.3%

第四节　实证分析与研究结果

一、验证性因子分析

本书利用SPSS22.0对数据进行信度和效度分析。通过Cronbach'α系数检验量表信度是否符合要求，并根据项目总相关系数CITC值来决定测量条款删除与否。通过可靠性分析，得到社会资本结构维、社会资本关系维、社会资本认知维、知识整合和创新绩效的α系数依次为0.860、0.911、0.895、0.906、0.929。量表各维度的α系数均大于0.8，各条款的CITC值均都大于0.3，量表具有良好信度。

进一步通过主成分分析法对效度进行检验，取特征值为 1，采用最大方差法提取因子得到各条款的因子载荷系数均高于 0.5，且不存在测量条款横跨因子的结果，表明量表具备较好的区分效度。根据主成分分析结果，将中国文化情境下虚拟团队社会资本的结构维分互动质量、互动方式和互动频率三个主成分，把社会资本的关系维分为任务信任与人际信任两个主成分，将社会资本的认知维分为团队认知和共同语言两个主成分，把知识整合分为知识贡献和知识转化两个主成分。

二、模型拟合分析

本书运用 AMOS20.0 对模型的拟合度进行验证，采用 χ^2/df、P 值、GFI、AGFI、IFI、NFI、RMSEA 等拟合度指标，分析结果表明，测量条款 A3 和 H7 的因子负荷都低于 0.5 的基准值，因此需要从模型中剔除 A3 和 H7 这两个测量条款。然后对各模型拟合指标重新估计（如表 5 - 3 所示），由表 5 - 2 可知各拟合度指标均在可接受区间内，因此本研究假设模型与问卷调研数据间具有一致性，理论模型得以成立。

表 5 - 3　　　　　　　　修正后各变量的拟合度指标（N = 214）

指标名称	χ^2/df	GFI	AGFI	NFI	IFI	CFI	RMSEA
社会资本结构维	1.447	0.948	0.893	0.911	0.971	0.969	0.058
社会资本关系维	1.002	0.978	0.938	0.970	0.987	0.984	0.004
社会资本认知维	1.691	0.959	0.905	0.952	0.980	0.979	0.073
知识整合	1.324	0.986	0.958	0.985	0.992	0.985	0.024
创新绩效	1.983	0.941	0.883	0.932	0.967	0.966	0.083
整体模型	3.564	0.894	0.892	0.886	0.904	0.913	0.076

三、回归分析及假设检验

本书通过回归分析进行假设检验，得到检验结果如表 5 – 4 所示。由表 5 – 4 可知，社会资本（见模型 5 – 11，结构维 $\beta = 0.356$，$P < 0.001$；见模型 5 – 12，关系维 $\beta = 0.225$，$P < 0.001$；见模型 5 – 13，认知维 $\beta = 0.620$，$P < 0.001$）对知识整合均具有显著的正向影响。社会资本（见模型 5 – 21，结构维 $\beta = 0.552$，$P < 0.001$；见模型 5 – 22，关系维 $\beta = 0.426$，$P < 0.001$；见模型 5 – 23，认知维 $\beta = 0.600$，$P < 0.001$）对创新绩效均具有显著的正向影响。因此，假设 H5 – 1a、假设 H5 – 1b、假设 H5 – 1c 和假设 H5 – 3 均成立。

进一步分析知识整合的中介效应，中介效应的检验结果如表 5 – 4 所示，社会资本结构维（$\beta = 0.153$，$P < 0.001$）与知识整合（$\beta = 0.634$，$P < 0.001$）对创新绩效具有显著正向影响（模型 5 – 31）；社会资本关系维（$\beta = 0.104$，$P < 0.05$）与知识整合（$\beta = 0.327$，$P < 0.001$）对创新绩效具有显著正向影响（模型 5 – 32）；社会资本认知维（$\beta = 0.102$，$P < 0.001$）在知识整合变量加入回归式前为关系不显著（$\beta = 0.102$，$P > 0.05$），但在加入知识整合变量后社会资本认知维对创新绩效（$\beta = 0.468$，$P < 0.001$）具有显著的正向影响（模型 5 – 33），表明知识整合在社会资本与创新绩效关系中具有中介效应，因此假设 H5 – 2 和假设 H5 – 4 均成立。

表 5 – 4　　　　　　　　回归分析结果（N = 214）

构念	知识整合	创新绩效	创新绩效	知识整合	创新绩效	创新绩效	知识整合	创新绩效	创新绩效
	M5 – 11	M5 – 21	M5 – 31	M5 – 12	M5 – 22	M5 – 32	M5 – 13	M5 – 23	M5 – 33
社会资本结构维	0.356 ***	0.552 ***	0.153 **						

续表

构念	知识整合	创新绩效	创新绩效	知识整合	创新绩效	创新绩效	知识整合	创新绩效	创新绩效
	M5－11	M5－21	M5－31	M5－12	M5－22	M5－32	M5－13	M5－23	M5－33
社会资本关系维				0.225 ***	0.426 ***	0.104 *			
社会资本认知维							0.620 ***	0.600 ***	0.102
知识整合			0.634 ***			0.327 ***			0.468 ***
R^2	0.309	0.323	0.656	0.187	0.158	0.684	0.466	0.345	0.680

注：* 表示 $P < 0.05$，** 表示 $P < 0.01$，*** 表示 $P < 0.001$。

第五节　本章小结及管理启示

一、研究小结

综上所述，随着经济全球化和网络信息技术的迅速发展，虚拟团队已成为一种广为接受的组织形式。本章从社会资本属性出发，考虑到文化背景与虚拟团队自身特质，建立了中国文化情境下虚拟团队社会资本概念内涵体系，并以长三角地区企业的虚拟团队的 214 份问卷数据验证了社会资本、知识整合对虚拟团队创新绩效的影响。研究结果表明，中国文化情境下，虚拟团队社会资本（结构维、关系维、认知维）对知识整合和创新绩效均具有正向显著的影响，而且知识整合在虚拟团队社会资本与创新绩效关系中具有中介作用。具体结论如下：

第一，中国文化情境下，知识整合对虚拟团队创新绩效具有显著的正向影响。知识整合是团队成员之间信息与知识的沟通、分享与融合，产生的新知识或者对于知识的创新性应用对于团队绩效水平的提高具有重要的推进作用。实证检验发现，知识的贡献与转化也即知识整合过程，有助于虚拟团队任务的解决及其创新绩效的提升。

第二，中国文化情境下，虚拟团队社会资本对知识整合具有显著的正向影响。实证检验发现，社会资本的结构维、关系维、认知维三个维度均对知识整合都具有显著的正向影响，社会资本对虚拟团队异质性知识整合具有促进作用。其中，虚拟团队社会资本认知维对知识整合的影响最大（$\beta = 0.620$，$P < 0.001$），其次是结构维（$\beta = 0.356$，$P < 0.001$），影响最小的是关系维（$\beta = 0.225$，$P < 0.001$）。

第三，中国文化情境下，知识整合在社会资本对创新绩效影响中具有中介作用。实证研究证明，社会资本对虚拟团队创新绩效具有显著的正向影响，其中认知维对虚拟团队知识整合的影响最大（$\beta = 0.600$，$P < 0.001$），其次是结构维（$\beta = 0.552$，$P < 0.001$），影响最小的是关系维（$\beta = 0.426$，$P < 0.001$）。但如果加上知识整合，虚拟团队社会资本对创新绩效的解释力更大，也即知识整合在虚拟团队社会资本与创新绩效之间发挥了中介作用。

二、管理启示

如上所述，在知识经济和全球化的新时代，虚拟团队日益成为提高资源优化配置水平和竞争优势的有效载体。本章实证检验了中国文化情境下社会资本、知识整合与虚拟团队创新绩效的关系，上述研究结论对于中国文化情境下虚拟团队的管理实践具有一定的启示意义。

第一，有效发展虚拟团队社会资本。社会资本是组织绩效提升的关键，这一结论在本章得到了证实，也即社会资本对虚拟团队成员间知识的贡献、获取与转化都有重大的促进作用，是推动虚拟团队创新绩效的关键。（1）虚拟团队以信息技术作为沟通基础，管理者应通过丰富的、多元化的信息技术媒介的运用，增进成员之间的交流互动频率和互动质量，促使虚拟团队成员间便捷顺利地进行信息交换。（2）虽然虚拟团队以任务导向为主，但团队领导的关怀导向仍然重要，为了虚拟团队任务的完成，管理者应当积极培养和谐的团队氛围和良好的信任关系。（3）管理者在团队成立初期就应明确任务目标，达成共识目标，培养团队的共同语言。尤其是文化差异较大时，团队领导更应付出更多的了解和关怀，尽量降低文化的冲突与摩擦。（4）在中国特殊文化背景下，虚拟团队互动的任务过程和情感过程都很重要，管理者应积极构建一定次数的面对面沟通机制，帮助员工建立任务之外良好的人际关系、"人际圈子"和"关系网络"。

第二，促进团队知识整合及应用。社会资本及其异质性促进虚拟团队创新绩效的关键在于知识整合的中介效应，因此组织应该重视并提高虚拟团队的知识整合程度。（1）知识整合是知识获取的前提，虚拟团队的社会线索比传统面对面团队少很多，因此管理者应借助网络交流工具更敏锐地觉察团队气氛，构建以一定的体制规范和良好的私人关系为基础的知识交流圈，形成更多的团队内部知识供给。（2）知识只有通过学习和交流才能转化成新知识，才能应用于团队任务的达成和创新绩效的提升，因此管理者应积极培育主动学习、善于学习的组织文化和团队承诺，鼓励成员结合个人工作实践，将获取的知识加以创新性的应用。（3）中国文化情境下的虚拟团队管理，应将儒家文化特征和社会资本相结合，兼以任务导向和人际导向，使之更好地促进知识整合和创新绩效的形成。

本章参考文献

［1］Ahuja, G., Curba, M. L. Entrepreneurship in the large corporation: A longitudinal study of how established firms create breakthrough inventions ［J］. Strategic Management Journal, 2001, 22（6－7）：521－543.

［2］Inkpen, A. C., Tsang, E. W. K. Social capital, networks, and knowledge transfer ［J］. Academyof Management Review, 2005, 30（1）：146－165.

[3] Baker, W. Market networks and corporate behavior [J]. American Journal of Sociology, 1990 (96): 589 – 625.

[4] Belderbos, R., Carree, M., Lokshin, B. Cooperative R & D and firm performance [J]. Research Policy, 2004, 33 (10): 1477 – 1492.

[5] Bourdieu, P. The forms of capital [A]. Richardson, J. G. Hand-book of theory and research for the sociology of education [M]. New York: Greenwood Inc, 1985: 241 – 258.

[6] Bresman, H. Changing routines: A process model of vicarious group learning in pharmaceutical R & D [J]. Academy of Management Journal, 2013, 56 (1): 35 – 61.

[7] Burt, R. S. Structural Holes: The social structure of competition [M]. Cambridge, MA: Harvard University Press, 1992: 66 – 69.

[8] Castellani, D., Jimenez, A., Zanfei, A. How remote R & D lab? Distance factors and international innovative activities [J]. Journal of International Business Studies, 2013, 44 (7): 649 – 675.

[9] De Long, D. W., Fahey, L. Diagnosing cultural barriers to knowledge management [J]. Academy of Management Executive, 2000, 14 (4): 113 – 127.

[10] Loury, G. C. Intergeneration transfer and the distribution of earnings [J]. Econometrica, 1981, 49 (4): 843 – 867.

[11] Grant, R. M. Toward a knowledge-based theory of the firm [J]. Strategic Management Journal, 1996, 17 (Winter Special Issue): 109 – 122.

[12] Henderson, R. M., Clark, K. B. Architectural innovation: The reconfiguration of existing product technologies and the failure of established firms [J]. Administrative Science Quarterly, 1990, 35 (1): 9 – 30.

[13] Huang, J. C., Newell, S. Knowledge integration processes and dynamics within the context of cross-functional projects [J]. Colorectal Disease the Official Journal of the Association of Coloproctology of Great Britain & Ireland,

2003, 21 (3): 167 - 176.

[14] Jantunen, A. Knowledge-processing capabilities and innovative performance: An empirical study [J]. European Journal of Innovation Management, 2005, 8 (3): 336 - 349.

[15] Daft, R. L. A dual-core model of organizational innovation [J]. Academy of Management Journal, 1978, 21 (2): 193 - 210.

[16] Koskinen, K. U. , Vanharanta, H. The role of tacit knowledge in innovation processes of small technology companies [J]. International Journal of Production Economics, 2002, 80 (1): 57 - 64.

[17] Leiponon, A. Competencies, innovation and profitability of firms [J]. Economics of Innovation and New Technology, 2000, 9 (1): 1 - 24.

[18] Lin, N. Social capital: A Theory of social structure and action [M]. Cambridge: Cambridge University Press, 2001: 25.

[19] Lovelace, K. , Shapiro, D. L. , Weingart, L. R. Maximizingcross-functional new product teams' innovativeness and constraint adherence: A conflict communications perspective [J]. Academy of Management Journal, 2001, 44 (4): 779 - 793.

[20] Merlo, O. , Bell, S. J. , Menguc, B. , Whitwell, G. J. Social capital, customer service orientation and creativity in retail stores [J]. Journal of Business Research, 2006, 59 (12): 1214 - 1221.

[21] Nahapiet, J. , Ghoshal, S. , Social capital, intellectual capital, and the organizational advantage [J]. Academy of Management Review, 1998, 23 (2): 246 - 266.

[22] Nonaka, I. A dynamic theory of organizational knowledge creation [J]. Organization Science, 1994, 11 (1): 833 - 845.

[23] Okhuysen, G. , Eisenhardt, K. Integrating knowledge in groups: How formal interventions enable flexibility [J]. Organization Science. 2002, 13 (4): 370 - 386.

［24］Park, S. H., Luo, Y. Guanxi and Organizational dynamics: Organizational networking in Chinese firms ［J］. Strategic Management Journal, 2001, 22 (5): 455 –477.

［25］Prajogo, D. L., Ahmed, P. K. Relationships between innovation stimulus, innovation capacity, and innovation performance ［J］. R & D Management, 2006, 36 (5): 499 –515.

［26］Putnam, R. D., Leonardi, R., Nonetti, R. Y. Making democracy work: Civic traditions in modern Italy ［M］. Princeton University Press, 1993.

［27］Grant, R. M. Toward to a knowledge-based theory of the firm ［J］. Strategic Management Journal, 1996, 17 (S2): 109 –122.

［28］Sherif, K. Using DSS for crisis management ［M］. Idea Group Publishing, 2001.

［29］Tan, J., Yang, J., Veliyath, R. Particularistic and systemtrust among small and medium enterprises: A comparativestudy in China's transition economy ［J］. Journal of Business Venturing, 2009, 24 (6): 544 –557.

［30］Townsend, A. M., DeMarie, S. M., Hendrickson, A. R. Virtual teams: Technology and the work place of the future ［J］. Academy of Management Executive, 1998, 12 (3): 17 –29.

［31］Tsai, W., Ghoshal, S., Social capital and value creation: The role of intrafirm networks ［J］. Academy of Management Journal, 1998, 41 (4): 464 –476.

［32］Vincent, D. Research and development activities and innovative performance of firms in Luxembourg ［J］. International Conference on Technology Management, 1999 (18): 731 –744.

［33］Zack, M. Developing a knowledge strategy ［J］. California Management Review, 1999, 41 (3): 125 –143.

［34］Zahra, G. Absorptive capacity: A review on reconceptualizationand extension ［J］. Academy of Management Review, 2002, 17 (2): 185 –203.

［35］Zigurs，L. Leadership in virtual teams：Oxymoron or opportunity［J］. Organizational Dynamics，2003，31（4）：36 – 55.

［36］Zollo，M.，Winter，S. G. Deliberate learning and the evolution of dynamic capabilities［J］. Organization Science，2002，13（3）：339 – 351.

［37］边燕杰. 城市居民社会资本的来源及作用：网络观点与调查发现［J］. 中国社会科学，2004（3）：136 – 146.

［38］樊耘，朱荣梅，张灿. 虚拟团队与传统团队的行为差异及其管理对策研究［J］. 中国软科学，2001（12）：66 – 70.

［39］龚志周，王重鸣. 虚拟团队理论研究及其发展趋势［J］. 心理科学，2004（2）：496 – 498.

［40］柯江林. 团队社会资本的维度开发及结构检验研究［J］. 社会科学研究，2007（10）：935 – 941.

［41］刘寿先. 企业社会资本与技术创新关系研究：组织学习的观点［D］. 济南：山东大学博士学位论文，2008.

［42］刘贞妤. 差序氛围对部属工作态度与行为之影响［D］. 花莲：台湾东华大学，2003.

［43］钱源源. 员工忠诚、角色外行为与团队创新绩效的作用机理研究：一个跨层次的分析［D］. 杭州：浙江大学博士学位论文，2010.

［44］盛晓伟. 知识共享与创新绩效的实证研究——基于创新型企业的数据［D］. 成都：西南财经大学硕士学位论文，2012.

［45］宋方煜. 企业社会资本对创新绩效的影响：基于知识转移的视角［D］. 吉林：吉林大学博士学位论文，2012.

［46］谢洪明，吴隆增. 知识整合、组织创新与组织绩效：华南地区企业的实证研究［J］. 管理学报，2009（9）：601 – 606.

［47］杨学勤，林凤. 论企业的知识整合［J］. 中国科技信息，2006（3）：94.

［48］翟运开. 企业间合作创新的知识转移及其实现研究［J］. 工业技术经济，2007（3）：43 – 46.

［49］张方华．企业社会资本与技术创新绩效：概念模型与实证分析［J］．研究与发展管理，2006（6）：47－53．

［50］张喜征．基于强联系的创新性虚拟项目团队知识整合研究［J］．情报杂志，2005，24（11）：8－10．

［51］赵丽梅．面向知识创新的高校科研团队内部知识整合研究［D］．哈尔滨：哈尔滨工业大学博士学位论文，2013．

［52］郑小勇，楼鞅．科研团队创新绩效的影响因素及其作用机理研究［J］．科学学研究，2009，27（9）：1428－1435．

［53］朱学冬，陈雅兰．创新型企业创新绩效评价研究——以福建省为例［J］．中国科技论坛，2010（9）：77－92．

第六章

环境动态性与供应链关系
资本对合作绩效的影响

　　全球制造业的生产方式经历了单件生产、大量生产、精益生产等发展历程，自20世纪90年代以来，已进入模块化生产和全球化运营时代。与此同时，制造企业面临环境的动态性不断增加，其与供应商间的关系也已从以往的买卖关系转变为到当前的供应链关系（Ryu，Min & Zushi，2008）。在此情境下，制造企业不应只重视内部资源的整合，更应通过发展外部供应链关系资本来降低风险、实现全球化（Nassimbeni & Sartor，2006）。基于此，加入环境动态性变量，分析供应链关系资本特征如何影响制造商与供应商间的合作绩效，成为一个重要的研究问题。

　　社会资本理论为解释供应链合作优势提供了可借鉴的理论视角，而供应链关系资本（supply chain relationship capital）是供应链直接与间接社会关系结构而带来的竞争优势，是社会资本理论在供应链管理领域的应用（Krause，Hanfield & Tyler，2007；王玮，李随成，禹文钢和李娜，2015）。综观文献，研究者普遍认为供应链关系资本是影响供应链内制造企业与供应商间合作绩效（cooperative performance）的重要因素（Andersson，Forsgren & Holm，2002；Liker & Choi，2007），然而在供应链关系资本到底如何影响合作绩效的问题上，仍然存在较大的争议（Gilsing，Nooteboom & Vanhaverbeke，2008；Gilsing & Duysters，2008），而新近的相关研究已越来越关注情境因素对供应链关系资本与合作绩效间关系的调节作用（Swift & Hwang，2013）。基于此，本研究试图整合供应链管理理论和社会资本理论，通过运用长三角区域的 166 份制造企业的样本数据，探讨环境动态性、供应链关系资本与合作绩效三者之间的关系，为中国制造业的供应链管理实践提供管理启示。

第一节　理论拓展与研究假设

一、供应链关系资本对合作绩效的直接影响

供应链关系是建立在共有利益与利润上的（Autry & Griffis，2008），供应链合作绩效是指因买方企业与供应商合作所带来的直接绩效和间接绩效（Krause，Hanfield & Tyler，2007），供应链合作绩效包含获利表现、目标实现程度、关系持久性、客户满意度和溢出效应等维度（Krause，Field & Tyler，2007；潘文安，2006）。供应链关系资本是一种网络治理机制（Dedrick，Xu & Zhu，2008），有效的供应链关系资本是影响供应链合作绩效的重要因素（Stanko，Bonner & Calantone，2007）。供应链关系资本体现为联结强度（link strength）、网络中心性（network centrality）、信任程度（trust）和信息共享（information sharing）等重要维度，其中，联结强度指买方企业与供应商网络之间相互联系的频率、亲密程度和持续性，网络中心性指买方企业是否占据了供应商网络联系的中介位置，信任程度是指买方企业对供应链伙伴有信心、相信合作伙伴的行为会如它所预期并完成目标的程度，信息共享是指买方企业与供应商相互之间对无形资源的分享。

唐纳森（Donaldson，2002）通过用 200 家企业的调查数据检验了供应链关系资本为基础的合作绩效及其影响因素，法因斯等（Fynes et al.，

2004）通过对这 200 家供应商的数据分析表明，买方企业和供应商间合作的关系强度会加强合作双方的深度互动，有助于降低交易成本，对合作绩效有显著的影响。劳森等（Lawson et al.，2008）认为买方企业与供应商联系的频率和持续性，有利于促进延长两者间合作持续程度，而且其互动亲密程度越高，则越容易达成合作目标并强化溢出效应。买方企业与供应商的各种联系的集合构成了供应商网络，网络中心性则表明了买方企业在网络联系中是处于关键位置还是边缘位置，处于关键位置的企业享有信息收益和控制利益，也使得其在合作中具有先发优势（赵炎和姚芳，2014）。克劳斯等（Krause et al.，2007）认为，供应链关系资本包括联结强度、买家依赖、供应商依赖，长期关系许诺。安德森等（Andersson et al.，2002）的研究显示联结强度、网络中心性、信息交换、企业专用性投资影响着供应链合作绩效，本顿等（Benton et al.，2005）认为联结强度、网络中心性、合作、持续时间、承诺、信息、计划与目标一致性等是影响买方企业与供应商间合作关系的重要因素。基于上述分析，提出如下假设：

假设 H6 - 1　供应链关系的联结强度对合作绩效有正向影响。

假设 H6 - 2　供应链关系的网络中心性对合作绩效有正向影响。

拉加茨等（Ragatz et al.，1997）认为信念、信赖和信息共享是影响买方企业与供应商合作关系的主要因素。在企业合作中真正起黏合作用的是彼此的信任关系，高强度的联系会引发合作方的相互信任，进而提升双方合作的满意度（谢恩和陈昕，2015）。法因斯等（2002）认为信任程度、信息共享、满意、依赖、承诺和合作等供应链关系是影响双方合作绩效的因素，中国是个关系型社会，关系型交易在中国社会具有深厚的文化基础（张敏，童丽静和许浩然，2015），中国企业管理者擅长于运用关系与供应商来建立信任和利益交换（Park & Luo，2001）。高质量的信息联系能加强相互信任和长期合作愿景，能否在供应链成员间通畅、迅速地进行信息共享是供应链合作成败的关键（Sitkin & Roth，1993）。汉弗莱斯等（Humphreys et al.，2004）的数理统计结果表明信任、信息共享、技术和管理交流对合作绩效有显著影响作用，杨震宁、范黎波和曾丽华

（2015）认为供应链合作需求透明化能增进相互信任与信息共享，确保双方能有长期的合作。基于此，提出如下假设：

假设 H6 - 3　供应链关系的信任程度对合作绩效有正向影响。

假设 H6 - 4　供应链关系的信息共享对合作绩效有正向影响。

二、环境动态性的调节作用

环境动态性（environmental dynamism）指行业中技术发展、市场需求、竞争环境和政策环境变化的不可预测程度（彭学兵，2013）。当今，制造企业在国际采购活动中面临的内外部环境的动态性不断增加，制造企业能借由供应链关系资本来消除环境动态性带来的不利影响（Ryu, Min & Zushi, 2008），环境动态性是解释供应链合作行为的重要基础，相关的研究也受到了学界的广泛关注（Swift & Hwang, 2013）。纳求等（Ryu et al., 2008）认为环境动态性增大了供应链伙伴间的机会主义行为，是影响供应链合作行为及其合作稳定性的重要因素。法因斯等（2004）的实证研究发现环境动态性调节了供应链内企业间关系与合作绩效，许冠南（2008）认为环境动态性正向调节了关系嵌入性对企业探索型学习的影响。斯里尼瓦桑等（Srinivasan et al., 2011）通过 127 个美国企业样本数据，检验了环境动态性对供应链伙伴关系与供应链合作绩效的调节效应。王等（Wong et al., 2011）采用来自台湾 151 家汽车制造企业的样本数据证实了在高度动态性条件下，制造企业与供应商的整合更可能增强合作绩效。基于以上分析，提出如下研究假设：

假设 H6 - 5　环境动态性在供应链关系资本与合作绩效之间起正向的调节作用。

假设 H6 - 5a　环境动态性在供应链关系联结强度与合作绩效之间起正向的调节作用。

假设 H6 - 5b　环境动态性在供应链关系网络中心性与合作绩效之间起正向的调节作用。

假设 H6 - 5c　环境动态性在供应链关系信任程度与合作绩效之间起正向的调节作用。

假设 H6 - 5d　环境动态性在供应链关系信息共享与合作绩效之间起正向的调节作用。

第二节　研究设计

一、样本选择与数据收集

为了验证上述研究假设，兼顾研究目的和调研的便利性，本研究的大样本抽样范围确定为长三角地区，调研对象为有国际采购业务的制造企业，相关问卷均由实际从事海外采购业务三年以上的中高层管理人员填写。调研企业名单来源于上述省市政府的相关外贸主管部门，本研究从中选择200家有国际采购业务的制造企业进行问卷调研。调研流程是先用电话、电子邮件等与相关企业海外采购部门联系，并取得这些企业高管对问卷调研的支持，从而保证问卷的有效性和回收率。本研究采用李克特7点量表来设计问卷，总共发放200份，回收有效问卷166份，有效回收率为83%，达到研究的要求。

二、变量测量

为确保本研究所设计问卷的信度和效度，量表尽量以国际国内顶尖期刊论文量表为参考，并针对本研究的需要加以修改（如表6 - 1所示）。本研究采用联结强度、网络中心性、信任和信息共享来测度供应链关系资本。在罗森等（Lawson et al.，2008）、莱文等（Levin et al.，2004）的研究基础上，设计了联结强度的量表，共4个题项。网络中心性量表，参考蔡（2006）、格尔斯等（Gilsing et al.，2008）的量表，共设计了3个题项。信任程度量表，参考了麦卡利斯特等（Mcallister et al.，1995）的量表，共设计了3个题项。在参照史密斯等（Smith et al.，1997）、山口等（Yamaguchi et al.，2005）量表的基础上，设计了信息共享量表，共4个题项。上述变量的测量项根据国际采购情境下的供应链关系资本特征进行了适当改编。此外，合作绩效量表主要参照墨瑞等（Murray et al.，2005）所建构的量表，设计了7个测量项目。基于全球采购情境，为了检验该变量对供应链关系资本与合作绩效关系的调节效应，本研究加入了环境动态性变量，此量表参考墨瑞等（2005）、王等（2011）的研究成果，共设计了4个测量项目。基于社会资本与供应链合作的相关研究，将行业类型、公司年限和公司规模作为控制变量。

表6-1　　　　　　　　　　　变量的选取与测量

变量	信度	题项	参考文献
联结强度	0.866	双方的高层经常讨论未来规划	Lawson，Tyler & Cousins（2008）；Levin，Cross & Abrams（2004）；自行设计
		双方的技术人员经常就新产品开发进行交流	
		双方的管理人员经常讨论经营状况	
		双方各层次人员社会交往密切	
网络中心性	0.732	贵公司在与供应商合作中的地位不易被取代	Tsai（2006）；Gilsing & Duysters（2008）；自行设计
		供应商非常依赖贵公司	
		贵公司表述的意愿对双方合作决策结果具有重要影响	
信任程度	0.758	双方在做重大决策时，均会考虑对方利益	Mcallister（1995）；自行设计
		双方相互信任、彼此尊重	
		双方是信守承诺的	
信息共享	0.831	双方能高频率地进行信息交换	Smith & Braclay（1997）；Yamaguchi（2005）；自行设计
		供应商会及时告知供应市场存在的事件及变化	
		双方能共享私有和敏感信息	
		贵公司能及时将产品需求信息告诉供应商	

变量	信度	题项	参考文献
合作绩效	0.724	贵公司愿意与供应商续签合作协议	Murray，Kotabe & Zhou（2005）；自行设计
		贵公司愿意与供应商再次合作	
		贵公司与供应商的合作富有成效	
		双方都实现了预期的合作目标	
		双方都实现了一定赢利	
		合作提升了双方的市场价值	
		合作提升了双方持久的竞争优势	
环境动态性	0.792	贵公司面临的国内外市场环境经常发生变化	Murray，Kotabem & Zhou（2005）；Wong，Boonitt & Wong（2011）；自行设计
		贵公司面临的国内外竞争环境经常发生变化	
		贵公司面临的国内外技术环境经常发生变化	
		贵公司面临的国内外政策环境经常发生变化	
控制变量		行业类型：传统制造业或现代制造业	自行设计
		公司年限：用公司成立的年数表示	
		公司规模：用年销售额表示	

第三节　实证分析与研究结果

一、描述性统计

利用SPSS22.0统计软件，对长三角地区制造企业的166份样本数据进行信度与效度分析。对自变量供应链关系资本进行因子分析后，得出4个因子结构（总解释力达75%，各因子负荷量介于0.52～0.78之间）。探索性因子分析表明，问卷总体设计合理。接下来，对供应链关系资本、合作绩效与环境动态性进行效度检验，结果显示KMO值皆大于0.7。此外，对供应链关系资本各维度与环境动态性进行了信度分析，结果显示它们的信度克朗巴哈 Cronbach'α 系数均大于 0.7（如表 6 - 1 所示），这说明信度良好。通过对所有变量进行皮尔逊（Pearson）相关分析（如表 6 - 2 所示），联结强度、网络中心性、信任、信息共享、合作绩效及环境动态性的相关系数，各变量间的相关程度都为正向，从而判断各研究变量之间无多重共线性问题，因此本研究样本数据适合进行层次回归分析。

表 6 - 2　　　　各变量的均值、标准差和皮尔逊相关系数（N = 166）

变量	均值	标准偏差	1	2	3	4	5	6	7	8	9
1. 行业类型	0.427	0.289	1								
2. 公司年限	2.620	1.097	0.147	1							
3. 公司规模	2.370	1.030	0.276*	0.461**	1						
4. 联结强度	4.442	1.312	0.168	0.082	0.276*	1					
5. 网络中心性	4.372	1.272	0.156	0.244*	0.273*	0.810**	1				
6. 信任	5.682	1.057	0.139	0.134	0.326**	0.593**	0.710**	1			
7. 信息共享	4.506	1.188	-0.112	0.058	0.106	0.790**	0.748**	0.640**	1		
8. 合作绩效	5.777	0.696	-0.056	-0.004	0.089	0.653**	0.531**	0.541**	0.710**	1	
9. 环境动态性	4.794	1.104	0.116	0.167	0.342**	0.549**	0.598**	0.699**	0.639**	0.515**	1

注：* 表示 $P < 0.05$，** 表示 $P < 0.01$。

二、层次回归分析

除了考虑控制变量（行业类型、公司年限和公司规模）、自变量（供应链关系资本）对因变量（合作绩效）的直接效应之外，还要考察环境动态性的调节效应，因此采用层次回归分析法来检验研究假设（如表 6 - 3 所示）。首先考察控制变量的效应，然后检验自变量的主效应，最后对调节效应进行检验。

表 6 - 3　　　环境动态性、供应链关系资本对合作绩效影响的
层次回归分析结果（N = 166）

变量	合作绩效		
	模型 6 - 1	模型 6 - 2	模型 6 - 3
1. 行业类型	0.054	0.074	0.066
2. 公司年限	0.069	0.021	0.039
3. 公司规模	0.387 *	0.411 **	0.424 **
4. 联结强度（假设 H6 - 1）		0.366 **	0.359 *
5. 网络中心性（假设 H6 - 2）		0.293 **	0.236 **
6. 信任（假设 H6 - 3）		0.206 *	0.133 *
7. 信息共享（假设 H6 - 4）		0.508 ***	0.425 **
8. 联结强度 × 环境动态性（假设 H6 - 5a）			0.244 *
9. 网络中心性 × 环境动态性（假设 H6 - 5b）			0.033 ***
10. 信任 × 环境动态性（假设 H6 - 5c）			0.128 **
11. 信息共享 × 环境动态性（假设 H6 - 5d）			0.391 **
F 值	14.139	25.383	12.919
R^2	0.559	0.566	0.605
ΔR^2	0.223	0.081	0.128

注：* 表示 $P < 0.05$，** 表示 $P < 0.01$，*** 表示 $P < 0.001$。

由表 6 - 3 可知，模型 6 - 1 是基本模型，只考虑控制变量（行业类型、公司年限和公司规模）对合作绩效的影响。模型 6 - 2 是在控制变量的基础上加入了供应链关系资本，以检验联结强度、网络中心性、信任和信息共享与合作绩效之间的直接关系。模型 6 - 3 是加入环境动态性作为调节变量，以检验环境动态性与供应链关系资本之间交互作用对合作绩效的影响。

模型 6 - 2 检验的是供应链关系资本（包括联结强度、网络中心性、信任和信息共享四个维度）对合作绩效的影响，结果显示，供应链关系资本的四个维度联结强度（$\beta = 0.366$，$P < 0.01$）；网络中心（$\beta = 0.293$，

$P<0.01$）；信任（$\beta=0.206$，$P<0.05$）；信息共享（$\beta=0.508$，$P<0.001$），表示制造企业—供应商的关系资本越强，彼此都能够创造双赢增加合作绩效，因此，假设 H6 – 1、假设 H6 – 2、假设 H6 – 3 和假设 H6 – 4 得到了支持。

模型 6 – 3 中加入了环境动态性作为调节变量，以检验环境动态性对供应链关系资本（联结强度、网络中心性、信任与信息共享）与合作绩效之间关系的调节作用，结果显示，联结强度与环境动态性（$\beta=0.244$，$P<0.05$）；网络中心性与环境动态性（$\beta=0.033$，$P<0.001$）；信任与环境动态性（$\beta=0.128$，$P<0.01$）；信息共享与环境动态性（$\beta=0.391$，$P<0.01$），可见环境动态性对供应链关系资本与制造企业—供应商的合作绩效之间的正向调节作用显著。综上可知，在模型 6 – 2 当中未加入环境动态性变量时，供应链关系资本对合作绩效呈显著正向关系，但在模型 6 – 3 中加入环境动态性变量后，其显著程度得到了强化，因此假设 H6 – 5、H6 – 5a、假设 H6 – 5b、假设 H6 – 5c 和假设 H6 – 5d 都得到了支持。

第四节　本章小结及管理启示

一、研究小结

本章基于社会资本理论和供应链管理理论，通过对长三角地区 166 家有开展国际采购的制造企业进行问卷调查，运用层次回归分析模型对影响供应链合作绩效的关系资本和环境因素进行实证研究。研究结果表明，供应链关系资本的联结强度、网络中心性、信任和信息共享等维度分别对供应链合作绩效具有正向的影响，并且随着环境动态性的增强，供应链关系资本对供应链合作绩效的正向影响作用越强。研究结论为制造企业实施供应链关系管理提供了理论依据。

二、管理启示

当今，制造企业在从事国际采购业务和实施全球化战略中，面临的内外部环境的动态性不断增加。本书研究了供应链关系资本对制造企业—供应商合作绩效的影响，而将环境动态性引入，得到了环境动态性强化供应链关系资本与合作绩效之间影响关系的结论，这在一定程度上是供应链合作相关研究的拓展。其实践价值在于，在当今商业环境动态性日益增加的情境下，制造企业发展与管理供应链关系资本比以往更显紧迫和重要。这为制造企业有效地实施供应商管理，进而提高供应链合作绩效提供了如下三个方面的启示：

第一，目前，制造企业面临的经营环境呈现动态性已成为常态，因此制造企业高层管理者意识到：在动态竞争环境下开展有效的供应链关系管理比以往更显重要，应基于互利双赢思想，管理好供应链关系资本，主动开展持续与长期的合作。

第二，当制造企业试图提高其与供应商间的合作绩效时，必须在一些关键影响因素及关系资本管理上扎实开展工作。制造企业可以通过制度安排和交流平台的建设，应拓展其与供应商不同部门、不同层次管理者和员工的频繁的定期会晤和非正式渠道的社会互动，他们很可能成为提升合作绩效的潜在源泉。而且，制造企业在建立供应链关系网络时，不能片面追求联结规模，更应选择重要的供应链关系进行培育以减少冗余联系，并尽量供应链网络中占据关键位置，以获得因核心位置带来的信息优势和控制优势。

第三，当处在高动态性的环境之中的时候，制造企业往往面临着更大地挑战，信任作为影响供应链合作关系的重要因素，是制造企业避免机会主义行为的重要基础。因此，在合作的过程中，制造企业应通过提高与供应商间沟通的数量和频率，主动与供应商开展广泛的、及时的信息共享，使得双方相互信任、彼此尊重、信守承诺，从而不断提高合作效率和效果。

三、研究局限与展望

本研究存在如下三个方面的局限性：（1）仅仅探讨了供应链中制造企业与供应商的协同合作关系，并未就供应链中其他对象的关系加以探讨，未来的研究还需要使用供应链中其他对象的样本数据来检验本研究提出的所有假设。（2）只是将环境动态性、供应链关系资本视作影响合作绩效的因素，但随着供应链管理理论和社会资本理论的发展，还有哪些可能会影响合作绩效的因素，仍待后续研究进行厘清。（3）采取的只是横断面的研究方式，对于供应链关系资本在各个不同发展阶段对合作绩效的影响问题也是未来相关研究的重要方向。

本章参考文献

［1］Andersson, U., Forsgren, M., Holm, U. The strategic impact of external networks：Subsidiary performance and competence development in the multinational corporation ［J］. Strategic Management Journal, 2002, 23 (11)：979－996.

［2］Autry, C. W., Griffis, S. E. Supply chain capital：The impact of structural and relational linkages on firm execution and innovation ［J］. Journal of Business Logistics, 2008, 29 (1)：157－173.

［3］Benton, W. C., Maloni, M. The influence of power driven buyer-seller relationships on supply chain satisfaction ［J］. Journal of Operations Management, 2005, 23 (1)：1－22.

［4］Dedrick, J., Xu, S., Zhu, K. Z. How does information technology shape supply-chain structure? Evidence on the number of suppliers ［J］. Journal of Management information Systems, 2008, 25 (2)：41－72.

[5] Donaldson, B. Relationship performance dimensions of buyer-supplier exchanges [J]. European Journal of Purchasing and Supply Management, 2002, 8 (4): 197 – 207.

[6] Fynes, B., De Búrca, S., Marshall, D. Environmental uncertainty, supply chain relationship quality and performance [J]. Journal of Purchasing & Supply Management, 2004, 10 (4): 179 – 190.

[7] Fynes, B., Voss, C. The moderating effect of buyer-supplier relationships on quality practices and performance [J]. International Journal of Operations & Production Management, 2002, 22 (6): 589 – 613.

[8] Gilsing, V. A., Duysters, G. M. Understanding novelty creation in exploration network-structural and relational embeddedness jointly considered [J]. Technovation, 2008, 28 (10): 693 – 708.

[9] Gilsing, V. A., Nooteboom, B., Vanhaverbeke, W. Network embeddedness and the exploration of novel technologies: Technological distance, betweenness centrality and density [J]. Research Policy, 2008, 37 (10): 1717 – 1731.

[10] Gilsing, V. A., Duysters, G. M. Understanding novelty creation in exploration networks-structural and relational embeddedness jointly considered [J]. Technovation, 2008, 28 (10): 693 – 708.

[11] Humphreys, P. K., Li, W. L., Chan, L. Y. The impact of supplier development on buyer-supplier performance [J]. Omega, 2004, 32 (2): 131 – 143.

[12] Krause, D. R., Field, R. B., Tyler, B. B. The Relationships between supplier development, commitment, social capital accumulation and performance improvement [J]. Journal of Operations Management, 2007, 25 (2): 528 – 545.

[13] Lawson, B., Tyler, B. B., Cousins, P. D. Antecedents and consequences of social capital on buyer performance improvement [J]. Journal of

Operations Management, 2008, 26 (3): 446 - 460.

[14] Levin, R., Cross, R., Abrams, L. C. The strength of weak ties you can trust, the mediating role of trust in effective knowledge transfer [J]. Management Science, 2004, 50: 1477 - 1490.

[15] Liker, J. K., Choi, C. Building deep supplier relationships [J]. Harvard Business Review, 2007, 82 (12): 104 - 113.

[16] Mcallister, D. J. Affect and cognition based trust as foundations for interpersonal cooperation in organizations [J]. Academy of Management Journal, 1995, 38: 24 - 59.

[17] Murray, J. Y., Kotabe, M., Zhou, J. N. Strategic alliance-based sourcing and market performance: Evidence from foreign firms operating in China [J]. Journal of International Business Studies, 2005, 36: 187 - 208.

[18] Nassimbeni, G., Sarto, R. M. International purchasing offices in China [J]. Production Planning & Control, 2006, 17 (5): 494 - 507.

[19] Park, S. H., Luo, Y. Guanxi and organizational dynamics: Organizational networking in Chinese firms [J]. Strategic Management Journal, 2001, 22 (5): 455 - 477.

[20] Ragatz, G. L. H., Field, R. B., Scannell, T. V. Success factors for integrating suppliers in to new product development [J]. Journal of Production Innovation Management, 1997, 14 (3): 190 - 202.

[21] Ryu, S., Min, S., Zushi, N. The moderating role of trust in manufacturer-supplier relationships [J]. Journal of Business & Industrial Marketing, 2008, 23 (1): 48 - 58.

[22] Sitkin, S. B., Roth, N. L. Explaining the limited effectiveness of legalistic: Remedies for trust/distrust [J]. Organization Science, 1993, 4 (3): 367 - 392.

[23] Smith, J. B., Braclay, D. W. The effects of organizational differences and trust on the effectiveness or selling Partner relationships [J]. Journal

of Marketing，1997，61（1）：3 –21.

［24］Srinivasan，M．，Mukherjee，D．，Gaur，A. S. Buyer-supplier partnership quality and supply chain performance：Moderating role of risks， and environmental uncertainty［J］. European Management Journal，2011， 29（4）：260 –271.

［25］Stanko，M．，Bonner，J．，Calantone，R. Dimensions of tie-strength：Building commitment in buyer-seller relationships［J］. Industrial Marketing Management，2007，36（8）：1094 –1103.

［26］Swift，P. E．，Hwang，A. The impact of affective and cognitive trust on knowledge sharing and organizational learning［J］. Learning Organization， 2013，20（1）：20 –37.

［27］Tsai，Y. C. Effect of social capital and absorptive capability on innovation in internet marketing［J］. International Journal of Management，2006， 23（3）：157 –166.

［28］Wong，C. Y．，Boonit，t S．，Wong，C. W. Y. The contingency effects of environmental uncertainty on the relationship between supply chain integration and operational performance［J］. Journal of Operations Management， 2011，29（6）：604 –615.

［29］Yamaguchi，L. Interpersonal communication tactics and procedural justice for uncertainlymanagement of Japanese workers［J］. Journal of Business Communication，2005，42（2）：168 –194.

［30］潘文安. 供应链伙伴间的信任、承诺对合作绩效的影响［J］. 心理科学，2006，29（6）：1502 –1506.

［31］彭学兵. 先前合作经验对技术外部获取方式选择的影响——环境动态性和技术能力的调节效应［J］. 南开管理评论，2013，16（5）：133 –141.

［32］王玮，李随成，禹文钢，李娜. 制造企业创新性构念的探索性研究［J］. 科学学研究，2015，33（10）：1587.

［33］谢恩，陈昕．供应商网络与买方企业新产品开发绩效的研究［J］．科研管理，2015（6）：21．

［34］许冠南．关系嵌入性对技术创新绩效的影响研究［D］．杭州：浙江大学博士学位论文，2008．

［35］杨震宁，范黎波，曾丽华．跨国技术战略联盟合作、战略动机与联盟稳定［J］．科学学研究，2015，33（8）：1161－1163．

［36］张敏，童丽静，许浩然．社会网络与企业风险承担［J］．管理世界，2015（11）：161－162．

［37］赵炎，姚芳．创新网络动态演化过程中企业结盟的影响因素研究［J］．研究与发展管理，2014，26（1）：71－72．

第七章

互联网情境下中层管理者
胜任力建模与实证

第一节　研究背景

如前文所述，电子通信、互联网、云计算和大数据等信息技术的快速进步，赋予了人类前所未有的远距离共事能力，信息技术也日益渗透到组织的运营中。为了解决某一任务而组成的团队分散各地、跨越不同区域时，团队成员之间的互动、沟通与协调方式逐渐由传统面对面的方式，转变为通过计算机媒介沟通等计算机媒介技术来辅助成员间相互合作的方式进行。电子化联系特别是新的数字媒介带来的冲击，成为驱动虚拟团队变革的主要动力（Lipnack & Stamps，1997）。信息科技虽然促使虚拟团队产生，但是团队终究是由人组成的，人和组织才是虚拟团队发挥团队效能的重要因素（Lipnack & Stamps，1999）。在影响团队效能的众多因素中，团队领导者是影响团队效能的关键所在（George & Parker，1990）。虚拟团队成员为了达成特定的目标而结合，而在一个虚拟团队中最重要的灵魂人物是领导者。

　　然而，传统团队领导与虚拟团队电子化领导（e-leadership）主要差异在于，虚拟团队的领导受信息技术的影响，不仅领导与成员间的沟通要通过信息技术，支援团队运作的信息收集与扩散也要通过信息技术来传达。多年来，研究者尝试各式各样的方法来研究与领导有关的问题。总体上，学者对领导的研究可分为特质论（trait theory）、行为论（behavior theory）和情境论（contingency theory）三个大类。特质论认为影响领导是否有效的关键是领导者具有的人格、社会、心理、智力等特质。行为论则主张从行为的角度来解释，认为有效的领导是领导者采取了特定的领导行为。情境论延伸了行为论，认为在考虑更多的情境后，领导者能选择出最有效的领导方式（Robbins，1998）。

　　胜任力特征是整合人力资源战略与经营战略的一种途径，能定义和传达组织的战略及其意义，帮助员工理解战略并帮助他们达到目标（杜波依斯等，2006）。因此，如何建立适应组织情境特征的中层管理者胜任力模型，逐渐成为理论界和实践界关注的重点问题。然而，组织性质的不同、行业的差异与管理者层级的不同，都会使胜任力模型呈现不同的结构（王重鸣和陈明科，2002）。基于此，试图在已有研究的基础上，通过对互联网企业的问卷调查收集数据，运用探索性因子分析和验证性因子分析，构建出适应互联网情境的企业中层管理者胜任力结构模型，以期使胜任力理论模型更加契合现今的"互联网＋"时代背景，为相关企业的人力资源管理提供实践参照。

第二节　文献回顾与理论拓展

　　自"胜任力模型（competency model）之父"麦克莱兰（McClelland，1973）最早提出胜任力的概念以来，胜任力研究逐步成为国内外学术界关注的焦点。科恩（Cohen，2015）基于对人力资源管理实践的历史回顾与现状分析，呼吁人力资源管理者应加强对胜任力的关注。综观文献，已有的研究主要围绕两个方面展开：一是胜任力与人力资源管理或企业战略之间的关系研究，二是胜任力结构模型研究。

胜任力与人力资源管理及企业战略之间的关系研究方面。桑切斯等（Sanchez et al.，2009）比较了胜任力建模与工作分析的区别及胜任力模型的优点，认为胜任力模型是以人为导向而不是以职务为导向，能弥补传统的职务说明书的不足，是现代人力资源系统的重要基石。而杜波依斯等（DuBois，2006）认为，胜任力特征是整合人力资源战略与经营战略的一种途径，能帮助员工理解战略并帮助他们达到目标。卡迪等（Cardy et al.，2006）认为胜任力分为员工层胜任力及组织层胜任力，员工胜任力是提升竞争优势的基础。迪亚兹 - 费尔南德兹等（Díaz - Fernαndez et al.，2014）研究了不同战略情境对员工胜任特征的影响，验证了探索型战略与防守型战略不同情境下的员工胜任力特征的差异性。

而胜任力建模研究的代表性成果有：苏卡尔等（Succar et al.，2013）研究了应用 BIM 软件的企业的员工胜任力的测量方法，卡塞等（Kasser et al.，2012）构建了系统工程师的胜任力模型。顾琴轩等（2001）认为，转型期的国有企业中层管理人员胜任力包括 19 个维度。时勘等（2002）运用行为事件访谈法，构建了包括影响力、成就欲和发展他人等要素通信行业高层管理者胜任力模型。王垒等（2004）通过对 322 个样本的调查，构建了 IT 企业胜任力模型。耿梅娟和石金涛（2011）运用质性研究方法，构建了我国国企科研技术人员胜任力模型。赵曙明等（2007）通过对不同行业的管理者进行研究，从管理绩效的角度研究了不同层级与不同维度的管理者胜任力。但总体而言，大多数学者所建立的是胜任力的通用模型，但由于行业特点、工作特点和管理层级等方面的差异性，通用胜任力模型可能会缺乏适应性。

第三节 研究方法与数据收集

一、研究方法

建立胜任力模型的方法很多，各有其优缺点，实践中往往将之结合起来加以使用。其中，编制调查问卷、选取样本进行调查，并对回收问卷进行数据分析和确切的解释，是一种相对便利而快速地建立胜任力模型的方法（宋婵蓉，2003）。基于此，本章在查阅大量与胜任力相关的文献的基础上，通过综合学者已有的胜任力模型，提取出96条比较相关的胜任力要素指标，并进行分析、整理和合并。在此基础上，结合对30名中层管理者的行为事件访谈法的分析结果，初步筛选出与互联网情境下中层管理者胜任力相关的25个胜任力要素，分别为团队氛围营造、信息共享、团队构建与维系、建立信任关系、关注前沿科技、大数据分析能力、热爱互联网、资源配置、用户导向、网络营销、创新能力、战略规划、职业忠诚、以身作则、身心健康、激励能力、执行力、敢于挑战、快速决策、商业模式变革、好奇心、协调能力、成就欲望、组织能力、持续学习。

对25个胜任力进行编码，形成了初步的问卷，并进行预测试。预测试的结果显示，25个胜任力要素中，有5个胜任力要素特征的显著性不高，分别是身心健康、组织能力、好奇心、执行力、建立信任关系，因此，将这5个胜任力要素从问卷中删除。对初始问卷进行精炼后，得到了正式的调查问卷共包含20个胜任力要素。正式问卷由指导语、个人基本信息和互联网情境下企业中层管理者胜任力要素特征描述三个部分组成。对于胜任力特征描述部分，采用李克特5点量表进行测量，要求答卷者根据自己的理解对其岗位所需要的胜任力素质的重要性进行排序，最重要的素质排序为5，最不重要的素质排序为1。

二、数据收集

大样本调研问卷的发放范围为北京、上海和浙江三个省市，从中选取百度、京东、携程、1 号店、阿里巴巴和网易等 10 家互联网企业的中层管理者作为调查研究对象，因此样本在行业特色和地域特色、企业规模等方面均具有很好的典型性和代表性。共发放问卷 309 份，回收有效问卷 288 份。调研问卷分两次发放，两次调研的样本基本情况如表 7-1 所示，可见两次调研回收的有效问卷的样本结构基本一致。其中，第一次发放问卷 180 份，收回有效问卷 168 份，有效问卷回收率为 93.3%，用于探索性因子分析；第二次发放问卷 150 份，回收有效问卷 120 份，有效问卷回收率为 80%，用来进行验证性因子分析。

表 7-1   样本基本情况

样本特征		第一次调研样本（$N_1 = 168$）		第二次调研样本（$N_2 = 120$）	
		样本数	百分比（%）	样本数	百分比（%）
性别	男	105	62.50	85	70.83
	女	63	37.50	35	29.17
年龄	25 岁以下	20	11.90	51	42.50
	25~30 岁	86	51.19	25	20.83
	30~35 岁	40	23.81	17	14.17
	35 岁以上	22	13.10	27	22.50
学历	大专及以下	26	15.48	39	32.50
	本科	95	56.55	59	49.17
	硕士及以上	47	27.98	22	18.33
工作时间	3 年以下	45	16.07	28	23.33
	3~5 年	97	57.74	45	37.50
	5 年以上	26	15.48	47	39.17

第四节 探索性因子分析与验证性因子分析

一、探索性因子分析

利用 SPSS22.0 对第一次调研回收的 168 份有效问卷，进行量表的内部一致性信度检验。结果表明，变量的 Cronbach's alpha 系数（α）为 0.936，而且标准化后的 α 值为 0.938，均大于 0.9 的标准值，说明量表的总体信度较好。在验证了总体的信度系数之后，再对各个题项与整体的信度系数进行分析，并根据删除项目后的标度方差和项目删除后的 α 系数，来判断各个项目的取舍。结果显示，若删除某个题项，剩下的整体 α 系数都有所降低，说明正式问卷中的每个题项都具有统计意义。

进一步使用 KMO 检验与 Bartlett 球形检验对第一次调研回收的 168 份样本数据进行因子适应性检验，以判断原有变量之间是否具有比较强的相关性以及是否适合进行因子分析。结果显示，KMO 的指标为 0.913，大于 0.9 的标准值，表明原有变量之间存在较强的相关性；而 Bartlett 球形检验卡方值（χ^2）为 2336.510，自由度（df）为 595，显著性 P 值为 0.000，球形假设被拒绝，说明相关系数矩阵不是一个单位阵。综上所述，上述样本数据适合进行探索性因子分析。

而后通过主成分分析法和方差最大正交旋转法，遵循 Kaiser 准则，抽取特征值大于 1 的 4 个共同因素，可以用 4 个因子解释原始量表所有变量方差变异的 65.938%，高于 60% 的标准值，表明量表有较好的结构效度，主成分特征值和贡献率检验结果如表 7 - 2 所示。对因子进行最大正交旋转后，得到胜任素质要素在各维度因子上的载荷，如表 7 - 3 所示。

表 7 - 2   主成分特征值和贡献率（$N_1 = 168$）

成分	初始特征值			旋转载荷平方和载入		
	总计	方差的%	累积%	总计	方差的%	累积%
1	9.233	46.163	46.163	4.838	24.189	24.189
2	1.644	8.221	54.384	3.382	16.910	41.099
3	1.288	6.438	60.822	2.615	13.077	54.176
4	1.023	5.116	65.938	2.352	11.762	65.938

表 7 - 3   各维度因子的胜任力素质构成表（$N_1 = 168$）

因子	胜任力素质	成分			
		1	2	3	4
电子化领导	用户导向	0.841			
	网络营销	0.807			
	热爱互联网	0.762			
	大数据分析能力	0.736			
	关注前沿科技	0.657			
	商业模式变革	0.650			
社会资本发展	团队氛围营造		0.818		
	团队构建与维系		0.792		
	激励能力		0.785		
	信息共享		0.778		
	以身作则		0.649		
	快速决策		0.496		
任务过程管理	战略规划			0.788	
	资源配置			0.552	
	协调能力			0.523	
	创新能力			0.501	
个人特质	成就欲望				0.766
	持续学习				0.707
	敢于挑战				0.672
	职业忠诚				0.451

由表 7 - 3 的旋转后因子负荷矩阵可知，25 个胜任力要素可以由 4 个因子来解释，其中，用户导向、网络营销、热爱互联网、大数据分析能力、关注前沿科技和商业模式变革 6 个胜任力要素在因子 1 有较大的载荷，且特征值为 9.233，解释了总体方差的 24.189%，因此可以将此 6 个胜任力要素归为维度一，命名为"电子化领导"。按相同的方法，将其他胜任力要素分别进行归类，如表 7 - 3 所示。因子 2 包含 6 个胜任力要素，特征值为 1.644，并且解释了总体方差的 16.910%，归为维度二并命名为"社会资本发展"。因子 3 包含 4 个胜任力要素，特征值为 1.288，并且解释了总体方差的 13.077%，归为维度三并命名为"任务过程管理"。因子 4 包含 4 个胜任力特征，特征值为 1.023，并且解释了总体方差的 11.762%，归为维度四并命名为"个人特质"。整体上，这四个因子（维度）的累积方差解释率为 65.938%，高于 60% 的标准值，能够很好地解释整体变量，从而得到互联网情境下中层管理者胜任力模型的四个主维度，即电子化领导、社会资本发展、任务过程管理和个人特质。

二、验证性因子分析

利用第二次调研回收的 120 份有效问卷数据，对上述分析得到的胜任力模型进行验证性因子分析（采用 AMOS20.0 软件），以确保模型稳定性、可靠性和确定性。通常使用的验证性因子分析的拟合度指标有卡方比率（χ^2/df）、近似误差的均方根（RMSEA）、非正态拟合指数（NNFI）、相对拟合指数（CFI）等。结果显示，互联网情境下中层管理者胜任力模型的 χ^2/df 为 2.35（小于 3），RMSEA 为 0.015（小于 0.05），NNFI 为 0.903（大于 0.9），CFI 为 0.926（大于 0.9）。模型拟合度的主要指标值均在可接受的范围内，表明所构建互联网情境下中层管理者胜任力模型通过拟合度检验。

进一步采用 AMOS20.0 软件，分析第二次调研回收的 120 份有效问卷数据，得到本胜任力模型的标准化路径系数，如图 7 - 1 所示。由图 7 - 1

可知，该胜任力模型四个维度的因子载荷在 0.35～0.67 之间，而且各个变量的显著性系数介于 0.37～0.86 之间，可见整体参数的指标值都具有较好的显著性，从而表明了所构建的互联网情境下中层管理者胜任力模型具有较好的聚合效度。

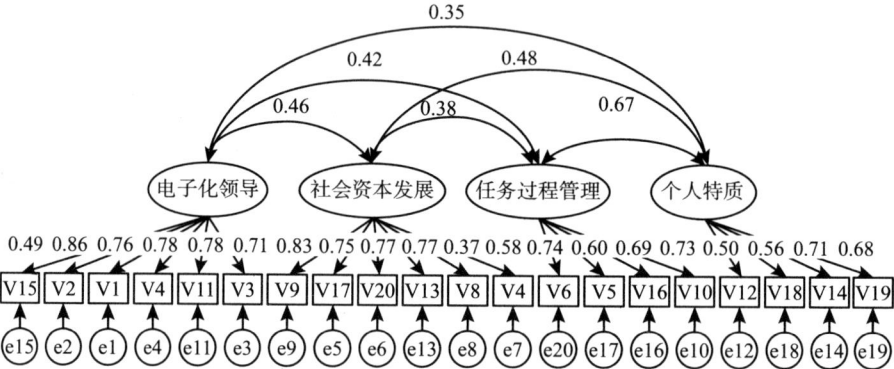

图 7-1　互联网情境下中层管理者胜任力模型路径系数（$N_2 = 120$）

第五节　本章小结及讨论

一、研究结论与模型阐释

本章以国内 10 家知名互联网公司的中层管理者为调研对象，结合使用行为事件法访谈和问卷调查等方法，借助 SPSS22.0 对 168 份样本数据进行信度与探索性因子分析，然后运用 AMOS20.0 对 120 份样本数据进行验证性因子分析，最终得到了适用于互联网情境下中层管理者胜任力模型。该模型包括电子化领导、社会资本发展、任务过程管理和个人特质四个维度和 20 个具体的胜任力特征。该模型较好地体现出了互联网企业的情境特征，具体阐述如下：

第一，李德孙等（Lee et al.，2011）认为互联网技术与虚拟环境产生了一种新型的工作情境与领导形态，在这种新型情境下的领导行为被称为"电子化领导"。本书回应了 Lee 等的研究结论，并将电子化领导诠释为用户导向、网络营销、热爱互联网、大数据分析能力、关注前沿科技和商业模式变革六个胜任力特征。

第二，学者普遍认为社会资本对组织绩效具有积极的影响（Kanawattanachai & Yoo，2007），但由于互联网情境下组织的员工间联系缺乏实体的亲密性（proximity），使得企业的社会资本相对缺乏（Robert，Dennis & Ahuja，2008）。本书将社会资本发展诠释为团队氛围营造、团队构建与维系、激励能力、信息共享、以身作则和快速决策六个胜任力特征。

第三，互联网技术改变了传统的面对面的协作实践，也有可能促进新形式的协作以及智力嵌入（Majchrzak，Malhotra & John，2005）。但问题的关键是，如何利用电子媒体创造更为社会化的因素进行任务过程管理以实现企业目标（甘露和曾德明，2006）。本书将任务过程管理诠释为战略规划、资源配置、协调能力和创新能力四个胜任力特征。

第四，互联网企业作为一种新型的业态，已成为一股强有力的潮流（Powell，Piccoli & Ives，2004）。因而中层管理者是组织的中坚力量，势必备有别于传统组织的个人特质（Lipnack & Stamps，1999）。本书将互联网情境下中层管理者的个人特质诠释为成就欲望、持续学习、敢于挑战和职业忠诚四个胜任力特征。

二、研究局限与展望

综上所述，本书所构建的模型能较好地体现出了互联网企业的情境特征，也一定程度上支持了现有的相关研究，从而能够更好地指导互联网企业的人力资源管理实践。但还存在如下局限：第一，本章构建的互联网情境下中层管理者胜任力模型只包括四个维度，虽然在一定程度上体现了互联网企业的特点，然而四个维度的胜任力模型相对不足。因此，今后的研究应对胜任力词条深入研究，力图能够更加全面的概括与互联网企业或者行业相关的胜任力要素，从而确保模型能反应实际情况。第二，对于多元化和个性化的互联网行业而言，本章选取的 10 家互联网企业样本的代表性毕竟有限，并不一定能够反映所有互联网企业的全貌。因此，今后的研究应选择规模更大的样本，并对互联网企业进行细分，研究更具针对性的中层管理者胜任力模型。

本章参考文献

［1］Cardy，R. L.，Selvarajan，T. T. Competencies：Alternative frameworks for competitive advantage ［J］. Business Horizons，2006，49（3）：235 – 245.

［2］Cohen，D. J. HR past，present and future：A call for consistent practices and a focus on competencies ［J］. Human Resource Management Review，2015，25（2）：205 – 215.

［3］Díaz – Fernαndez，M.，López – Cabrales，A.，Valle – Cabrera，R. A contingent approach to the role of human capital and competencies on firm strategy ［J］. Business Research Quarterly，2014，17（3）：205 – 222.

［4］Kanawattanachai，P.，Yoo，Y. The impact of knowledge coordination on virtual team performance over time ［J］. MIS Quarterly，2007，31（4）：783 – 808.

［5］Kasser，J.，Hitchins，D.，Frank，M.，Yang，Y. Z. A framework for benchmarking competency assessment models ［J］. Systems Engineering，2013，16（1）：29 – 44.

［6］Lee，D. S.，Jo，N. Y.，Lee，K. C. Leadership styles，web-based commitment and their subsequent impacts on e-learning performance in virtual community ［J］. Springer Berlin Heidelberg，2011，151：447 – 456.

［7］Lipnack, J. , Stamps, J. Virtual teams：The new way to work ［J］. Strategy and Leadership, 1999, 27 （1）：14 – 19.

［8］Majchrzak, A. , Malhotra, A. , John, R. Perceived individual collaboration know-how development through information technology-enabled contextualization：Evidence from distributed teams ［J］. Information Systems Research, 2005, 16 （1）：9 – 27.

［9］McClelland, D. C. Testing for competence rather than for Intelligence ［J］. American Psychologist, 1973, 28 （1）：1 – 14.

［10］Powell, A. , Piccoli, G. , Ives, B. Virtual teams：A review of current literature and directions for future research ［J］. Acm Sigmis Database, 2004, 35 （1）：6 – 36.

［11］Robert, L. P. , Dennis, A. P. , Ahuja, M. K. Social capital and knowledge integration in digitally enabled teams ［J］. Information Systems Research, 2008, 19 （3）：314 – 334.

［12］Sanchez, J. I. , Levine, E. L. What is （or should be） the difference between competency modeling and traditional job analysis ［J］. Human Resource Management Review, 2009, 19 （2）：53 – 63.

［13］Succar, B. , Shear, W. , Williams, A. An integrated approach to BIM competency assessment, acquisition and application ［J］. Automation in Construction, 2013, 35 （11）：174 – 189.

［14］［美］戴维·D·杜波依斯等著，于广涛等译. 基于胜任力的人力资源管理 ［M］. 北京：中国人民大学出版社，2006：24 – 28.

［15］甘露，曾德明. 高新技术企业虚拟 R & D 团队的知识整合机制研究 ［J］. 财经理论与实践，2006，27 （143）：901 – 905.

［16］耿梅娟，石金涛. 基于质性研究的胜任特征量表开发 ［J］. 上海管理科学，2011 （4）：72 – 76.

［17］顾琴轩，李剑，朱牧. 转型期国有企业中层职业经理人胜任力的研究 ［J］. 东华大学学报（自然科学版），2001，27 （5）：4 – 9.

［18］时勘，王继承，李超平．企业高层管理者胜任特征模型评价的研究［J］．心理学报，2002，34（3）：306－311．

［19］宋婵蓉．企业中层管理人员胜任特征初探［D］．广州：暨南大学硕士论文，2003：11．

［20］王垒，姚翔，陈建红．项目管理者胜任力模型［J］．心理科学，2004，27（6）：1497－1499．

［21］王重鸣，陈民科．管理胜任力特征分析：结构方程模型检验［J］．心理科学，2002，25（5）：513－516．

［22］赵曙明，杜娟．基于胜任力模型的人力资源管理研究［J］．经济管理，2007，29（6）：16－22．

第八章

虚拟团队效能的提升模式

团队效能是组织关注的重要因素，也是衡量一个团队运作的最终结果指标。团队效能的评估指标包括团队是否顺利达成目标的绩效指标，以及团队气氛是否融洽的态度指标。其中，绩效可由团队成员、团队领导等个人的主观意见评定或是通过客观的量化指标来评定；态度指标包括工作满意度、合作满意度、决策过程满意度、团队承诺、成员满意度以及结果满意度等。作为团队的一种特殊类型的虚拟团队，其效能提升模式又呈现哪些新的特征呢？本章试图基于虚拟团队的异质性特征，整合团队管理、行为过程理论以及本书得到的实证研究结果，参照麦格拉思（McGrath，1964），鲍威尔、皮科利和艾维斯（Powell，Piccoli & Ives，2004）的研究成果，提出包括投入因素、社会资本过程、任务过程以及效能四个方面的虚拟团队效能提升理论模型，并重点阐述虚拟团队的投入因素、社会资本过程和任务过程三个方面的内容及其内在影响效应。

第一节　虚拟团队效能提升模式的构建

传统团队领导直接影响团队成员满意度（Miles & Mangold，2002），但虚拟团队领导对团队效能的影响是中度相关，而虚拟团队过程与成员关系对效能的影响则是高度相关的（Lurey & Raisinghani，2001）。罗宾斯（Robbins，2001）提出了团队行为模式，认为团队所面对的外在条件会影响团队所形成的资源与团队结构，进而会影响团队运作过程，而且不同的任务形态相互依赖于复杂度，也影响团队运作过程与团队效能。鲍威尔、皮科利和艾维斯（2004）基于传统团队的 I－P－O 模型，提出了虚拟团队的 I－SP/TP－O 效能模型，该模型包括投入（Input）、社会情感过程（socio-emotional processes，SP）、任务过程（task processes，TP）以及产出（outputs）四个方面。

一、传统团队效能模式

包括团队组成、团队结构、团队领导、团队历程及任务特性等因素均队团队效能产生影响（Gladstein，1984）。就团队组成而言，在团队成立一段时间后，异质性较高的团队或是同质性较高的团队具有较高的团队效能（Earley & Mosakowski，2000；Watson，Kumar & Michaelsen，1993）。就团队结构而言，团队自主性与相依性通过团队历程对团队效能具有影响。传统团队包括例行性工作团队和临时性项目团队两种类型，麦格拉思（1964）最早开展了传统团队效能研究，并提出了传统团队效能的投入—过程—产出（input-process-output，I－P－O）模型，如图 8－1 所示。麦格拉思（1964）的传统团队效能模型认为，投入因素（input）通过团队互动过程（process）影响团队产出（output），其中投入因素包括团队成员个体因素、团队因素以及环境因素，而产出则包括绩效产出及其他非绩效产出。

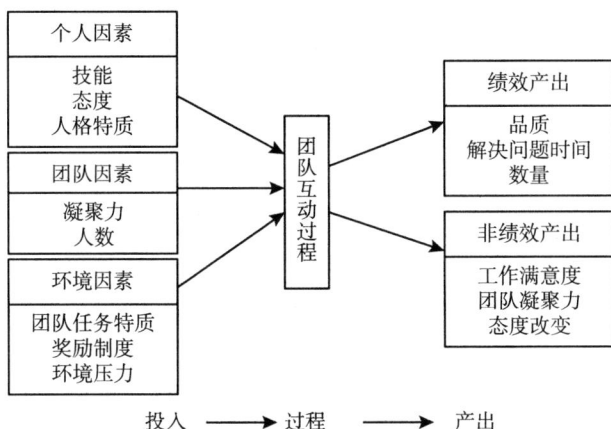

图 8 - 1 传统团队效能模式

资料来源：麦格拉恩（McGrath，1964）。

二、虚拟团队效能提升模式构架

吕雷和莱辛哈尼（Lurey & Raisinghani，2001）在传统团队效能模式的基础上，提出了虚拟团队的效能模型，其中投入包括组织、任务、情景和技术等因素，并认为技术与沟通对团队绩效有显著的影响。而鲍威尔、皮科利和艾维斯（2004）基于传统团队的 I - P - O 模型，提出了虚拟团队的 I - SP/TP - O 效能模型，该模型包括投入（input）、社会情感过程（socio-emotional processes，SP）、任务过程（task processes，TP）以及产出（outputs）四个方面。邓靖松和刘小平（2005）认为，虚拟团队绩效的影响因素包括团队内在驱动力与团队外在支持，其中内在因素是提升团队效能的本质，而外在因素是促进团队效能的充分条件。在拓展前面各章节研究结论的基础上，结合麦格拉恩（1964），鲍威尔、皮科利和艾维斯（2004）的研究成果，本书提出如下虚拟团队效能提升模型，认为投入因素通过社会资本过程（social capital processes）和任务过程（task processes）影响团队效能（产出），如图 8 - 2 所示。

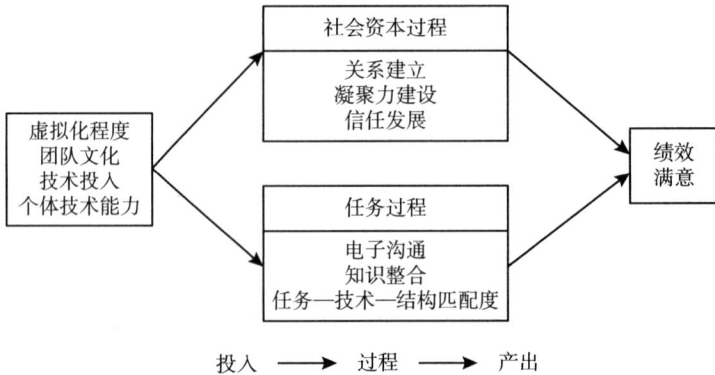

图 8 - 2 虚拟团队效能提升模式构架

资料来源：参照鲍威尔、皮科利和艾维斯（Powell, Piccoli & Ives, 2004）的模型改进。

图 8 - 2 中，投入因素主要包括虚拟团队的特性及其组成，如团队虚拟化程度、团队文化、技术投入、成员技术能力等；社会资本过程是指团队成员间如何建立与发展社会资本的过程，如关系建立、凝聚力建设和信任发展；任务过程则是与团队成员通过合作以完成任务相关的过程，包括电子沟通、知识整合及任务—技术—结构匹配的程度；而团队效能（effectiveness）包括团队绩效和成员满意度。本章重点阐述投入因素、社会资本过程、任务过程和虚拟团队效能的范畴以及各因素之间的内在影响机制。

第二节 投入因素对虚拟团队效能的影响

虚拟工作可能造成压力和孤立，但熟悉的工具或良好的辅导会增加整体的满意度（Kolsaker & Liz Lee - Kelley, 2006）。本书认为，投入因素主要包括团队虚拟化程度、团队文化、技术投入、成员技术能力等。可以从团队成员间面对面和技术中介沟通程度两个维度，将团队分为不活跃的功能障碍型、面对面沟通型、高度虚拟型以及充分支援型四大类。很难否认技术进步对虚拟团队过程与效能的正向影响作用，但虚拟沟通却使得面对面的直接沟通效果完全没有了。因此，在虚拟团队运行之前，应争取确保成员的技术能力，获得各个利益相关者的支持和配合，以消除他们有意的或无意的抵制情绪。

一、虚拟化程度

虚拟团队的诞生，从实质上转变了组织架构和运作形式，虚化了组织边界，尽可能地将组织内外资源进行整合，以最快速度适应环境的改变。虚拟团队被定义为空间上、时间上、组织上分散的员工为完成一项或多项任务通过信息和通信技术联结的一个小组（Jarvenpaa & Leidner，1999），由于虚拟团队成员在地理位置的分散性，成员间势必通过电子邮件、视频会议以及电话等远程技术媒介保持联系。在尼德曼和拜斯（Niederman & Beise，1999）用团队成员间面对面与技术中介的沟通程度，将团队分为不活跃的功能障碍型、面对面沟通型、高度虚拟型以及充分支援型四个大类，如图 8 - 3 所示。

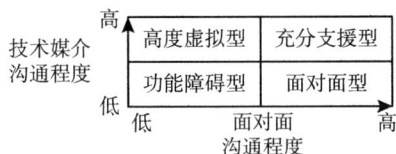

图 8 - 3　尼德曼和拜斯的团队虚拟化程度分类

资料来源：尼德曼和拜斯（Niederman & Beise，1999）。

耶尔文佩和莱德纳（Jarvenpaa & Leidner，1999）以团队形态（type of group）、互动模式（interaction mode）以及背景（context）来定义全球虚拟团队（global virtual team）。其中，团队形态分为暂时性和永久性，永久性意指该团队有共同的过往经验以及共同的未来期待；互动模式分为电子化沟通、面对面沟通以及混合沟通；背景分为相同文化及地理位置、不同文化及地理位置。耶尔文佩和莱德纳（1999）认为，全球虚拟团队是具有不同文化背景及地理位置的成员组成，主要借由信息技术克服地理和时空分散障碍的临时性工作团队（Jarvenpaa & Leidner, 1999）。此外，有学者从空间（spatial）、时间（temporal）、地点（site）、不平衡指数（imbalance index）以及隔离指数（isolation index）等特性，表征了团队虚拟化程度（O'Leary & Cummings, 2007；Staples & Webster, 2007）。其中，不平衡指数是用以描述同一团队中不同地点的团队成员数量的多少，某一地点的团队成员人数远大于其他的地点，则不同地点之间的次团队（subteam）可能有不平衡的权力互动；隔离指数则是用以描述有多少比例的团队成员独自处于某一地点。

二、虚拟团队文化

如果团队环境很差，即使有最富有创造力的成员也无法取得团队的成功。相较于传统团队而言，多样性的虚拟团队需要团队可能具有更高的信任水平，其前提是将信任氛围营造作为虚拟团队的核心。在多样性程度高的虚拟团队，尽管团队成员的意见和想法相差较大，但如果成员之间彼此信任，那么他们能更容易倾听别人的意见，进行深入的分析和思考。反之，如果是信任水平低团队，团队成员倾向于认可有益于自己的建议，不能从团队目标或任务目标的视角进行深入的反思。

开放性（openness）代表着虚拟团队对不同意见的接受意愿。为了避免团队迷思，就必须注入新的思维，这意味着团队必须学习容忍异议。在开放性水平高的团队里，能与更大的社群建立紧密的联系，发展高水平的社会资本，团队成员也能感觉到自己可以自由地表达看法和意见，不同的意见也能被倾听和考虑，从而促进团队成员的反思。而在开放性水平低的团队里，团队成员在表达意见时感觉到不自由，甚至不愿意将自己的想法公开表达，因而不能促进团队成员对问题的深入反思。需要注意的是，导致工作绩效下降的因素不仅仅是沟通的减少，更重要的是，团队可能忽视外部信息并逐步与那些重要的外部信息和思想隔离（Katz & Allen，1985）。

如果交流信息的成员间没有共同语言，再多的交流也只是徒劳（Katz & Tushman，1979）。认同（identification）是虚拟团队成员对自己所在团队目标、任务等的认可程度。一个有愿景的管理者能够为团队制定明确的长期目标，这种愿景加上富有创造性的组织文化就可能造就一个创新型团队。在一个多样性程度高的虚拟团队中，团队的成员对待团队工作会有很多不同看法和有益建议。在认同度低的团队里，团队成员没有组织归属感，也不会积极地提出对团队有益的新想法或点子；而在认同度较高的团队里，团队成员会以一个主人翁的姿态或心态来积极地寻找改进团队工作的措施或方法，并对此进行深入的思考。但经验也显示，与那些不听话的人相比，管理人员必须更加提防那些奉承自己的人，因此为确保虚拟团队的效能，其更应制定出合适的策略及措施来阻碍和消除"非我症候群"。

三、技术投入

当今，电子通信和互联网、云计算、大数据等信息技术快速进步，赋予了人类前所未有的远距离共事能力，电子化联系特别是新的数字媒介带来的冲击，成为驱动虚拟团队变革的主要动力（Lipnack & Stamps，1997）。为了解决某一任务而组成的团队分散各地、跨越不同区域时，团队成员之间的互动、沟通与协调方式逐渐由传统面对面（face-to-face）的方式，转变为通过计算机媒介沟通（computer mediated communication）等计算机媒介技术来辅助成员间相互合作（computer supported cooperative works）的方式进行。很难否认技术进步对虚拟团队过程与效能的正向影响作用，技术的进步使得虚拟团队带给组织的好处可能胜于传统面对面团队。例如，更弹性地协同合作与重整、减少商务旅行成本、广泛运用分散各地的人力资源、快速地反映客户需求、团队可能更具创造力（Suchan & Hayzak，2001）。

技术发展对组织运营是一个重大的革命，新生一代伴随着技术的进步而成长，对技术的使用也呈现日益热衷的趋势，因此未来的虚拟团队管理过程可能是"计算机适应性"的。然而，媒体技术的发展虽然使得沟通越来越便利，且这些沟通方式（如电话服务）具有很好的保真度，但是面对面的直接沟通效果完全没有了。尽管其他方式（如电视会议）几乎与现场参与一样的好，而且技术改进似乎也在不断地朝着这个方向努力与进步，但目前在清晰沟通的技术方面还存在一些问题。因此，利用这些工具沟通的管理者，必须认真考虑沟通模式对于虚拟团队沟通质量的影响，并且决定什么方式才是可以接受的。

四、成员技术能力

在全球化和信息化的情境下，信息技术系统引入团队无疑可视为一项大规模的组织变革。团队最重要的要素是成员，尽管利用技术来提高虚拟团队存在巨大的应用前景，但在团队中仍然可能存在很多这些成员，或缺乏有效利用技术工具的基本技能，或不熟悉技术，或缺乏有效利用这些工具的机会。因此，那些基于技术元素的虚拟团队，必须考虑这些技术对于这些成员来说可能无用，是否要寻求更适合的方法。换言之，信息技术的使用只是一个权宜之计，信息技术系统的有效实施有赖于对员工提供足够的技术培训，虽然这样的培训过程可能花费额外的时间。

只有虚拟团队成员拥有一定的知识和技能来使用这种技术，才可能确保虚拟团队过程和产出的有效性，因为信息技术系统要求所有员工与系统进行频繁的互动。换言之，在虚拟团队运行之前，应争取团队各个利益相关的支持和配合，以消除他们有意的或无意的抵制情绪。包括对信息技术系统开展广泛审查、沟通计划、试点测试与培训等，听取相关用户的改进建议和意见反馈，并使相关用户获得并具有操作系统的能力。做好这些准备工作的目的正是为了使员工充分理解其将如何直接受惠于系统，如何得到更多的便利以及更好的系统使用率，从而确保虚拟团队的优势得以充分和持续的发挥。

五、投入因素对虚拟团队过程及效能的影响

虚拟团队的科技中介程度或地理位置分散程度对团队效能具有负向影响（王佑中，2004）。信息技术的进步催生了虚拟团队，也在不断地进行创新以尽量消解科技中介程度或地理位置分散程度对团队效能的负向影响。例如，决策支持系统以电子化的交谈系统协助决策者使用资料和模式来解决非结构性问题（梁定澎，1997），群体决策支持系统支持信息的检索、共享、使用以及分析问题、意见发生和达成共识等（王凤仪，1999）。随着信息技术的发展，创造力（creativity）也能建构在计算机系统上。创造力支持系统以内在创造力为基础，通过适当的使用者界面设计，协助个人或团队在创意活动的过程中，以促进创意活动过程得以顺利进行，并试图增进其创意结果的有效产出（Abraham & Boone，1994；Shneiderman，2000）。

第三节 社会资本过程对虚拟团队效能的影响

影响虚拟团队效能的社会资本过程包括关系建立、凝聚力建设和信任发展等。电子沟通虽然不能提高团队业绩，却能使虚拟团队的人际关系更加协调，电子沟通与人际关系可以成为一种互补关系。信任是影响虚拟团队效能的关键因素之一，但虚拟团队缺乏实体的亲密性以及面对面互动，使得信任的发展以及维持的困难程度增加。来自不同的国家、种族和组织的全球虚拟团队成员进行电子沟通时，信任的建立和维系更加困难。虚拟团队初期的迅捷信任是脆弱的，因此开始时的信任建立和后来的信任维护都十分重要。

一、关系构建

在虚拟团队的三大构成要素（包括人、联结和目标）中，人是最基本的要素（罗双平，1999）。信息网络技术只是一种工具，信息技术带给虚拟团队好处的最重要前提是，虚拟团队管理体系是否涵盖了正确的团队管理内容和最佳的管理实践。毕竟虚拟团队的运行仍然主要是一个社会化的过程，甚至影响虚拟团队的人的因素比技术因素更多。换言之，技术作用是支持虚拟团队运行的各个环节，而不能取代虚拟团队运行的管理内容，因此应特别注重开发解决方案的内容和最大限度地提高内容有效性。如果技术不能正常运作、运用不当或是过分地依赖技术，技术将在带来虚拟团队利益的同时也可能带来更多的问题。

信息技术极大地支持了虚拟团队的信息沟通，然而利用技术来沟通与感情主题、工作绩效有关的信息，也可能会造成混乱和挫折。例如，通过一些交流工具，如电子邮件和即时信息，可以在更广泛的范围内分享信息，但也增加了信息过载和接受者误解的机会。电子沟通与人际关系是互补关系，电子沟通虽然不能提高团队业绩，但却能使虚拟团队的人际关系更加协调。萨卡尔和萨赫（Sarker & Sahay，2002）也认为，不同文化的团队成员之间的社交沟通和定期的全体员工座谈会等，有助于团队成员建立良好关系。协调与可信赖的人际关系能降低虚拟团队冲突与风险，提升虚拟团队的创新绩效。在虚拟程度较高的虚拟团队中，电子邮件能使得成员产生较高的组织认同感；而在虚拟程度较低的虚拟团队中，电话沟通能使得成员产生较高的组织认同感（Wisenfeld，Raghuram & Garud，1998）。此外，在虚拟团队中，社会支持感强的成员，往往会产生较强的团队认同感（Wisenfeld，Raghuram & Garud，2001）。

中国文化情境下的关系构建呈现出新的特征，相对于西方的"团体格局"，中国人是"差序格局"（费孝通，1948），不易形成一般信任（罗家德和叶勇助，2007）。中国文化强调个人在特定"差序格局"中的位置和针对"圈子"中因人而异的不同态度和行为（费孝通，1985），中国社会的人际关系是"以人伦为经，以亲疏为纬"的人际网络和圈子（左斌，1993），表现为以中国独特的"礼"文化为根基、"家"为中心和"己"为中心（高闯和郭斌，2010）。而虚拟团队借助信息技术交流平台，团队成员间的交流与信任偏向于清晰明了和简洁迅捷。因此，中国文化与虚拟团队存在内在的冲突性。

二、凝聚力建设

凝聚力概念最早由利文（Lewin，1950）提出。所谓团队凝聚力是指团队对成员的吸引力、成员对团队的向心力以及团队成员之间的相互吸引，体现了团队内部相互依存及协调能力与亲和力。凝聚力不仅是维持虚拟团队存在的必要条件，而且对虚拟团队的创新潜能发挥着重要作用。高度凝聚力的团队成员归属感强，愿意参加团队活动并承担团队工作中的相关责任，更有愿意接受团队规范和公认准则，从而有助于团队效能的提升。然而，由于虚拟团队对电子沟通模式有较多的依赖，必要的面对面沟通相对缺少。因此，与传统团队相比，虚拟团队成员间的联系较弱（McDonoug，Kahn & Barczak，2001），不利于虚拟团队凝聚力的提高，也导致成员不能像传统团队一样有充足的时间去发展社会资本。

综上所述，信息技术可以满足大量数据的不断收集和即时存取需要，但也可能加剧信息超载，从而使员工在完成工作职责时经受额外的压力或加班。此外，频繁地通过系统获取和共享的海量信息，可能会削弱信息的重要性与价值，因此团队成员应确保每一个数据请求是必要的，团队管理者应适时提供工具来组织、总结和分析数据，从而在信息的"智能"化转换上为他们提供必要的援助。

三、信任发展

随着虚拟团队的广泛运用，许多企业只见到网络与信息技术带来的好处，却忽略在高度数字化下，可能导致成员之间的猜疑以及不信任，从而影响团队的互动品质与共识的形成，反而有可能阻碍团队的有效运作。相较于传统团队而言，多样性的虚拟团队需要团队具有更高的信任水平。信任氛围营造是虚拟团队的核心，信任就像胶水一样将虚拟团队维系在一起，信任是高绩效虚拟团队不可或缺的特质（Lipnack & Stamps，1997），是影响虚拟团队效能的关键因素之一。虚拟团队具有短暂的即时互信效果，虽然在团队建立时，成员有显著善意与认可他人能力，但不一定能建立互信感（Jarvenpaa，Knoll & Leidner，1998）。而且，虚拟团队缺乏实体的亲密性（proximity）以及面对面互动，使得信任的发展以及维持的困难程度增加（Nohria & Eccles，1992）。此外，由于文化背景、价值观念和行为方式的不同，来自不同的国家、种族和组织的全球虚拟团队成员进行电子沟通时，信任的建立和维系更加困难。

综上所述，虚拟团队的初期信任遵循的是迅捷信任模式（McDonoug，Kahn & Barczak，2003），虚拟团队在初期沟通行为中建立的迅捷信任，对于虚拟团队之后的持续信任的建立有着重要作用（Jarvenpaa & Leidnc，1999）。然而，虚拟团队这种初期建立起来的迅捷信任是脆弱的，所以开始时的信任建立和后来的信任维护都十分重要（Meyerson，Weick & Kramer，1996）。高水平信任的虚拟团队具有可预测的沟通模式、充分的反馈和积极的领导，能够处理技术的不确定性（Jarvenpaa & Leidner，1999）。此外，沟通的模式对信任和绩效均具有显著的影响，其中网络式沟通对虚拟团队最合适（王重鸣和邓靖松，2005）。

第四节　任务过程对虚拟团队效能的影响

社会资本过程是影响虚拟团队效能的变量之一，但相对而言，任务过程对虚拟团队效能影响更为直接。影响虚拟团队效能的任务过程包括电子沟通、知识整合及任务—技术—结构匹配的程度等。团队内互动对团队效能具有正向影响，媒介必须借助团队的互动形态来影响绩效，但问题的关键是如何利用电子媒体创造更为社会化的因素以促进知识整合。知识管理系统可以直接解决虚拟团队知识整合过程中的交易记忆约束、相互理解不足、情景知识失效以及组织联系失灵等问题，从而直接促进知识整合。而且，任务—技术—组织之间是一个相互匹配的系统，三者的匹配关系是有阶段的、长期的动态匹配关系。

一、电子沟通

虚拟团队的运作模糊了部门与组织的界限，通信和信息技术成为他们相互之间的交流平台，而技术与沟通对虚拟团队效能均具有显著的影响（Lurey & Raisinghani，2001）。在没有中介的条件下，媒介形态（电脑或面对面）是影响虚拟团队绩效的主要因素。但在考虑媒介或互动形态的情况下，团队内互动，如团队成员合作与上行沟通的品质，对团队效能具有正向影响（王佑中，2004），媒介必须借助团队的互动形态来影响绩效。而且，在虚拟团队每一个阶段的合作过程，沟通是合作的必要条件而非充分条件，因此必须将合作视为一个包含了团队结构、沟通模式与沟通形式等多个维度的构成（Sarker & Sahay，2002）。然而，与面对面团队相比，人格特质的外向差异导致虚拟团队更倾向被动型（passive）的互动模式，这种被动型互动模式将降低虚拟团队的效能。

信息技术改变了传统的面对面的协作实践（Majchrzak，Malhotra &

John，2005），通过使用信息技术可以促进新形式的协作以及智力嵌入（汪应洛和李勖，2002）。尽管需要花费相对长的时间，但知识交互系统还是可以在仅仅通过电子媒介进行沟通的虚拟团队中得以形成的，而且，一旦建立起知识交互系统，其将对虚拟团队的创新绩效发挥着至关重要的作用（Kanawattanachai & Yoo，2007）。因此，电子连带所形成的关系网络对于理解知识共享行为是至关重要的（张庆普和单伟，2004），但问题的关键是如何利用电子媒体创造更为社会化的因素以促进知识整合（甘露和曾德明，2006）。

首先，媒介能够提供的社会情感线索越多，则沟通者感知到的社会临场感越高。例如，电话虽然可使成员较为亲近，但若语言不通反而会成为障碍。因而面对面沟通具有最高程度的社会临场感，成为虚拟团队最有效的沟通方式（Grosse，2002）。其次，网际网络平台是虚拟团队成员之间的虚拟沟通联系环境，电子邮件是虚拟团队最常用的工具，视频会议是适合大规模团队沟通的工具（Grosse，2002）。最后，当组织面临的任务情境模糊性（equivocality）或不确定性（uncertainty）高时，应使用富媒（richer media）；而当任务情境较简单或不确定性低时，使用贫媒（leaner media）效果较好。也有研究表明，低同步性的媒介对信息交换较好，高同步性的媒介对理解信息较好。成员联系较多之后，电话和电子邮件的使用频率会比面对面高，但问题是不同个人对媒介的使用有着不同偏好（Sosa & Steven，2002）。

二、知识整合

本书的上述研究已表明，阻碍虚拟团队绩效的不一定是因为单个团队成员能力缺乏，而可能是因为虚拟团队没有能够有效地整合所有的相关信息和知识（Grant，1996）。虚拟团队是解决组织中跨区域、跨领域、跨组织的知识需求与复杂任务的有效模式之一。虚拟团队中的"虚拟"概念包含知识界面和组织界面的模糊性及可渗透性。由于团队由彼此不熟悉的成员组成，在时间和空间上相互分离，同时因为使用电子信息技术作为主要交流手段，面对面沟通缺乏，因此虚拟团队的知识整合及其效能管理面临许多难题，而如何实现虚拟团队的知识整合成为虚拟团队管理的难点（Grant，1996）。与传统团队相比，电子沟通的虚拟特性使得虚拟团队缺乏非口语信息、附属口语信息和有限的社交脉络（李青芬，2006），而且，全球虚拟团队还可能存在语言沟通、文化差异等方面的冲突问题（Kayworth & Leidner，2002）。

而且，电子信息技术虽然对于常规的明晰知识的自动化使用是非常有效的，但对于缄默知识的使用作用十分有限。缄默知识正是组织竞争优势的重要来源，缄默知识的转化依赖于数据的标准化过程，这一标准化过程是一个技术系统与社会系统互动对话的长期过程，甚至很多缄默知识不可能标准化。因此电子沟通对于隐藏于个体中的隐性知识的整合的难度更大（Heninger，Dennis & Hilmer，2006；Robert，Dennis & Ahuja，2008）。而且，各个渠道的信息源导致会导致组织面临的一种非常严重的数据分离和商务智能鸿沟的威胁，因此组织需要进行信息的综合。大多数数据往往存在于各组织或组织内的各功能单元中，各组织或各功能团队与部门代表着不同的规范和文化，且包含着数据所有权、知识产权和内部竞争性问题，可能导致数据分离、信息政治和数据滥用的问题。解决这些问题的一个可行的方法是围绕组织的绩效模式、方法，建立起跨功能合作的组织结构及其数据平台，而虚拟团队便可视为在跨功能合作将个人异质知识整合为团队整体知识的动态系统。

虽然虚拟团队的知识整合及其效能管理面临许多难题，但合作型信息技术可以为解决信息损失问题提供了良好的技术支撑（Majchrzak，Malhotra & John，2005）。例如，知识管理系统可以直接解决虚拟团队知识整合过程中的交易记忆约束、相互理解不足、情景知识失效以及组织联系失灵四种问题，从而直接促进知识整合（Alavi & Tiwana，1996）。有效的知识交互有赖于团队感知所需的知识以及融合多种知识的能力，频繁而有效的异质知识交互直接能促进团队任务的执行。知识贡献通过成员之间的社会关系进行嵌入式交流和沟通，能确保成员对任务有一致的认识，是促进虚拟团队知识分享的前提。因此，知识的社会交互为知识共享提供了丰富的途径，成员之间通过与工作流程和任务相关的社会交往、合作和沟通进行知识共享，能够提高团队的知识获取、吸收能力与创新效率。

三、任务—技术—结构匹配

任务—技术—结构匹配（task-technology-structure fit，TTSF）的原理可以追溯自组织结构理论，该理论认为组织为取得更好的绩效，必须使组织结构（structure）"匹配"（fit）组织任务（task）。虚拟团队与传统团队在组织结构如何匹配组织任务的方面，原理基本相似，在此不做讨论。本章重点讨论任务—技术（task-technology fit，TTF）以及技术—结构（technology-structure fit，TSF）两两匹配的基本原理，进而探讨任务—技术—结构三者的匹配关系。

针对信息技术的行为研究主要有戴维斯（Davis，1989）基于理性行为理论（theory of reasoned action，TRA）提出的技术接受模型（technology acceptance model，TAM），以及古德休和汤普森（Goodhue & Thompson，1995）基于自组织结构理论提出的任务—技术匹配模型（Task - Technology Fit，TTF）。古德休和汤普森（1995）用"技术—绩效链"（technology to performance chain，TPC）构建了任务—技术匹配理论的基本框架，如图8-4所示。任务—技术匹配（TTF）模型认为，任务特征、技术特征与个人特征是影响个人绩效的前因变量，信息系统只有针对某种特定的任务来设计才能满足其需求，信息技术只有与其要求的任务相匹配才能有效地改善员工的工作绩效。

而技术—组织的关系的研究可追溯到20世纪50年代，现已演变为技术建构论和社会建构论两类典型的理论模式。技术建构论认为组织对技术的依赖性越强，就越可能受到技术刚性的约束，进而使组织在变革环境下选择空间变小（Thompson & Bates，1957）。而社会建构论却认为社会因素和组织结构与组织目标共同构成了组织的基本要素，组织建构了技术系统并赋予技术系统以意义，典型代表有普拉萨德、富尔克和托马斯（Prasad，Fulk & Thomas，1993 – 1994）。

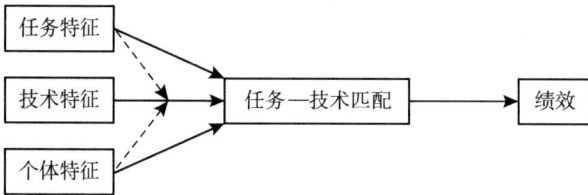

图 8 – 4　古德休和汤普森的任务—技术匹配关系模型

资料来源：古德休和汤普森（Goodhue & Thompson，1995）。

技术—组织之间是一个相互匹配的系统，技术—组织的匹配关系模型如图 8 – 5 所示。需要指出的是，信息技术的优势在于其对数据收集、数据存储以及数据分析方面的能力，但技术并不擅于数据诠释。如果成员在技术数据分析所引起的错误诠释上做决定，那么接下来的一系列决定和行动都很有可能出错。

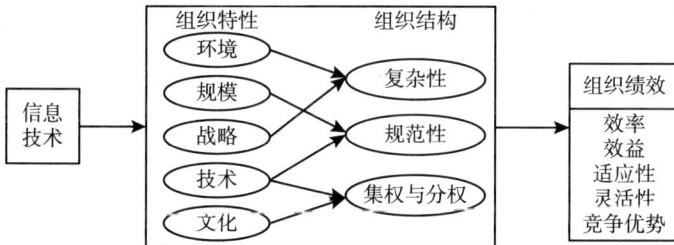

图 8 – 5　技术—结构的匹配关系模型

资料来源：参考高晶、关涛和王雅琳（2007）改进。

综上所述可以推论，任务—技术—结构之间的匹配关系是有阶段的、长期的动态匹配关系，如图 8 – 6 所示。信息技术总是试图以"人工智能"来代替人类智能，信息技术也试图减少人们做最擅长的数据诠释实践，然而这种努力的效果十分有限。因为技术解决方案的效果取决于人的因素和技术的因素，技术虽然能为团队提供大量的数据，但却无法为管理者提供有用的信息，因为信息技术工具给人们提供的洞察非常少，甚至技术"解决方法"有时具有极大的误导性。换言之，技术很难替代优秀的人类判断能力，管理者可以购买技术基础设施，但却无法买到社会性。只有将技术对数据收集、数据存储和数据分析能力转化为人类的观察、知识和智慧时，技术解决方案才可能有效。

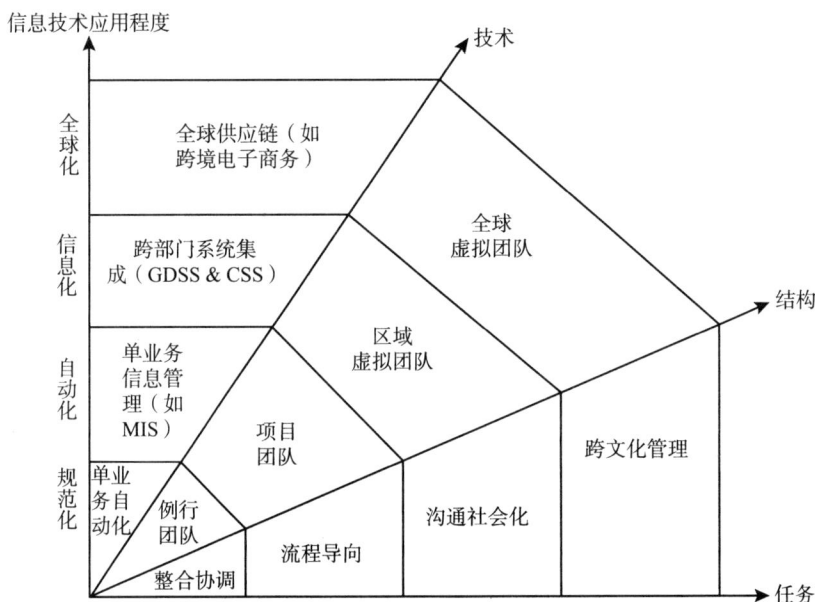

图 8 - 6　任务—技术—结构匹配关系的动态演进模型

资料来源：参考高晶、关涛和王雅琳（2007）改进。

第五节　社会资本过程与任务过程的互动及其对虚拟团队效能的影响

社会资本过程与任务过程存在着内在的融合互补与互动关系，这种互动关系对虚拟团队效能产生影响。特定的社会资本可以弥补由于虚拟沟通所产生的信息损失问题，甚至可以接近达到传统团队的知识整合水平。情感性连带虽然不一定直接对知识整合产生作用，但情感性连带中包含很多有益于社会化的因素，这些社会化的因素更有益于产生高程度的信任和凝聚力。利用电子媒体和良好的沟通支持系统甚至能创造更为社会化的因素，更有助于使团队成员形成亲密的关系、获得较高的信任和增强社会情感关系，最终发展成为一个高信任度的团队。

一、社会资本过程对任务过程与虚拟团队效能的影响

虚拟团队是由信息技术、有效的信任与协同和适当的人力资源组成的结合体（罗岭和王娟茹，2013）。团队结构的功能性角色、运作沟通频率、成员的信任关系、凝聚力、知识管理的信息收集与传播次数和知识分享次数都会显著影响虚拟团队的效能（方世煌，2002）。但信息技术（如知识管理系统）并非直接作用于知识整合，而是通过促进团队社会资本发展来促进知识整合（Sherif，2008）。社会资本为知识整合提供了机会、意愿和能力（柯江林，孙健敏和石金涛，2007），只有通过一定的知识共享、知识利用和知识合作等社会互动过程，才可能将个体组件性知识整合成为团队集成知识（Reus & Liu，2004）。甚至，社会资本可以通过提高虚拟团队知识整合来降低电子媒体的负面影响（Robert & Dennis，2008）。但是，低工具性社会资本因缺少与工作相关的交流和沟通，团队成员之间的隐性知识不能够充分转移（Rulke & Galaskiewicz，2000）；而低网络密度社会资本使得团队知识的转移和整合必须依靠中介人（broker）来将这些零星分布的知识联结起来，而中介人会对知识进行非自愿地过滤、扭曲，从而对团队知识整合造成负面影响。

社会资本能促进信息与知识交流（Tsai & Ghoshsal，2006），有助于提高团队创新能力和创新绩效（宋方煜，2012）。但是，虚拟团队缺乏足够的实体亲密性（proximity）以及面对面互动（Nohria & Eccles，1992），而

隐性知识是根植于团队成员经验之中的，从而团队成员的社会互动就变得尤为关键（Inkpen & Tsang，2005）。研究表明，特定的虚拟团队社会资本可以弥补由于虚拟沟通所产生的信息损失问题，甚至可以接近达到传统团队的知识整合水平（Yoo & Alavi，2001）。例如，工具性（instrumental）连带是工作性相关的知识交换的通道，对团队的知识整合有重要的影响；而情感性（expressive）连带虽然不一定直接对知识整合产生作用，但它在成员之间所产生的信任和凝聚力等，却是团队知识整合所必需的社会因素。而且，情感性连带中包含很多有益于社会化的因素，比如更深厚的友谊（friendship）和更多的社会支持（social support）等，这些社会化的因素更有益于产生高程度的信任。

信任是虚拟环境的有效机制，对团队知识共享具有正向影响（Staples & Webster，2008），也可以提升虚拟团队的沟通效能及其凝聚力（Jarvenpss，Knoll & Leidner，1998；Jarvenps & Leidner，1999；Kanawattanachai & Yoo，2002）。研究表明，虽然虚拟团队在起始阶段凝聚力较低，但随着虚拟团队成员交换的社交信息越来越多，能够形成较强的凝聚力（Chidambaram，1996）。与传统团队相比，虚拟团队更多是任务导向而较少社会情感导向，通常是以认知为基础的信任，且高于以情感为基础的信任，随着时间的推移，虚拟团队的任务导向将明显减弱，而情感导向将明显加强（Warkentin & Beranek，1999）。

而且，信任对虚拟团队的影响会随特定的情景与条件波动。例如，在全球虚拟团队成立初期，成员轻信的观念对于他对团队的信任与团队合作有正向的影响，之后，成员的信任便会形成一个调节变量，并非直接影响团队沟通与认知产出的关系（Jarvenpaa，Shaw & Staples，2004）。虚拟团队的信任模式是快速信任（swift trust），团队内互动式团队领导及团队效能在信任与沟通效能中起中介效果（王建忠，2001）。因此，高绩效的团队不能只停留在较早开始建立的信任，随着时间的推移，应当设法通过互动式团队领导等措施，将信任维持在较高的水平（Kanawattanachai & Joo，2002）。

此外，全球虚拟团队可能是由不同国家文化背景的成员组成的，需要通过跨文化调适等社会互动过程来化解成员间的跨文化冲击。全球虚拟团队的领导人如能清楚地表现多种领导角色，会有较佳的领导效能，其团队绩效也较高（Kayworth & Leidner，2002）。具体到中国文化情境中，信息技术平台上的虚拟团队成员间的沟通更为清晰明了，而基于儒家关系文化的社会资本网络具有"黏合"性；虚拟团队具有沟通虚拟性、暂时性及短期任务导向等特点，而儒家关系文化具有高语境沟通、关系取向与和谐导向等特征。信息技术支持下的虚拟团队任务过程与文化情境下的虚拟团队社会资本过程二者可能存在冲突性，也可能产生良性互动。

二、任务过程对社会资本过程与虚拟团队效能的影响

虚拟团队与传统团队的最大差异在于，虚拟团队是利用群体决策工具与通信技术，跨越时空的限制共同完成任务。与传统的团队相比，虚拟团队虽然不可能时时刻刻面对面地沟通交流，但是能把成员的专长相聚合并发挥最大效益，虚拟团队最大的优势就是知识的共享便捷性（Castellani，Jimenez & Zanfei，2013）。虚拟团队成员可从虚拟网络中获取大量非冗余性和异质性知识，有助于激发其创造潜力（陈璐，赵峥和井润田，2009）。而信息技术及交互记忆系统支持下的知识共享和应用能提升组织绩效（Choi，2010）。虽然信息技术为解决信息损失问题提供了良好的技术支撑，但是依赖信息或网络科技进行的虚拟团队沟通也可能使得团队内的信息流动较少，从而较难通过信息共享以形成团队共识。此外，信息技术也可能加深了虚拟团队本已经存在的隐性知识整合问题。因此，虚拟团队不仅要用技术辅助进行日常作业，更要通过这些技术来改善团队成员关系，降低团队社会资本过程损失（social capital process losses），进而提高团队效能（Lurey & Raisinghani，2001）。

大量的研究已表明，社会资本过程更有助于知识整合（Inkpen & Tsang，2005）。虽然虚拟团队成员并不能像传统团队一样有充足的时间去

发展社会资本，但虚拟团队可以凭借电子信息技术来克服时间、区域或组织界限的障碍（龚志周和王重鸣，2004）。而且，利用电子媒体甚至能创造更为社会化的因素，更有效地促进知识整合（甘露和曾德明，2006）。具体而言，信息技术改变了传统面对面的协作实践（Deboerm，1999），为解决信息损失问题提供了技术支撑（Majchrzak，2005），通过使用合作型信息技术可以促进新形式的协作以及智力镶入（汪应洛和李勖，2002）。如果虚拟团队在成立之初，能有效使用沟通技术，则有助于成员理解各自的想法、增强成员之间的人际关系，对于后期的沟通交流、团队协作和团队凝聚力及绩效都具有显著的影响（Bernard，2000）。杰米（Jermy，1998）认为，团队过程、成员关系与团队绩效呈显著的相关关系，工作规程、领导方式与团队绩效为中等相关关系。而安妮（Anne，2000）的实证研究表明，工作流程、任务偏好和集体主义与组织承诺间存在正相关关系，而任务能力和个性与组织承诺间不存在相关关系。此外，马硕、杨东涛和陈礼林（2011）验证了沟通在凝聚力与绩效的关系中的调节作用。

由于跨地域特性使得面对面沟通机会减少，虚拟团队除了面临传统团队知识整合的同样困难外，还面临电子媒体沟通过程中所造成的社会化因素缺失和信息损失（Robert，Dennis & Ahuja，2008；Burke & Chidambaram，1999；肖伟和赵嵩正，2005；DeSanctis & Poole，1994；Dennis，Wixon & Vandenberg，2001）。对于社会化因素缺失以及虚拟沟通的信息损失问题，不是单纯依靠某一种单一方式所能解决的，因为社会化因素侧重于解决知识整合过程中团队成员知识贡献、共享的意愿问题，而无法处理好信息损失问题（Majchrzak，Malhotra & John，2005）。虚拟团队所严重依赖的沟通机制也是导致团队成员间产生信任或不信任的主要原因（Lipnack & Stamps，2006），沟通中能不能承诺对其他成员及时回应是制约虚拟团队社会资本的重要因素（Handyd，1995）。当面对面沟通不可行时，互换社交信息也可促进建立关系的建立，更多的社交信息互换，能使团队获得较高的信任和更好的社会情感关系（Savicki，Kelley & Lingenfelter，

1996)。沃肯廷和贝拉尼克（Warkentin & Beranek，1999）也认为，早期的面对面沟通、面对面会议、沟通培训等良好的沟通支持系统，有助于形成虚拟团队成员之间的亲密关系、增强团队成员的社会情感发展，最终发展成为一个高信任度的团队。

第六节　本章小结

　　虚拟团队效能包括团队绩效和成员满意度，虚拟团队的投入因素通过社会资本过程和任务过程影响团队效能。投入因素主要包括虚拟团队的特性及其组成，如团队虚拟化程度、团队文化、技术投入、成员技术能力等。（1）可以从团队成员间面对面和技术中介沟通程度两个维度，将团队分为不活跃的功能障碍型、面对面沟通型、高度虚拟型以及充分支援型四个大类。（2）信任氛围是虚拟团队的核心，信任能使成员更容易倾听别人的意见，进行深入分析和思考。开放性水平高的团队，也有助于团队成员的反思，而在认同度高的团队里成员会积极地寻找改善团队工作的方法。（3）很难否认技术进步对虚拟团队过程与效能的正向影响作用，但虚拟沟通却使得面对面的直接沟通效果完全没有了。（4）在虚拟团队运行之前，应争取确保成员的技术能力，获得各个利益相关的支持和配合，以消除他们有意的或无意的抵制情绪。随着信息技术的进步，决策支持系统可以通过电子化的交谈系统协助决策者使用资料和模式以解决非结构性问题，群体决策支持系统可进一步支持信息的检索、共享、使用以及分析问题、意见发生和达成共识等，甚至创造力也能建构在计算机系统之上。

　　影响虚拟团队效能的社会资本过程是指团队成员间如何建立与发展社会资本的过程，包括关系建立、凝聚力建设和信任发展等。（1）电子沟通与人际关系可以成为一种互补关系，电子沟通虽然不能提高团队业绩，却能使虚拟团队中的人际关系更加协调。但利用技术来沟通与感情主题有关的工作绩效方面的信息，可能会造成混乱和挫折。（2）凝聚力不仅是维持虚拟团队存在的必要条件，而且对虚拟团队创新潜能的发挥起着重要的作用。但由于虚拟团队对电子沟通模式的较多依赖，虚拟团队成员间的联系较弱，不利于虚拟团队凝聚力的提高，也导致成员不能像传统团队一样有充足的时间去发展社会资本。（3）信任是影响虚拟团队效能的关键因素之一，但虚拟团队缺乏实体的亲密性以及面对面互动，使得信任的发展以及维持的困难程度增加。虚拟团队初期的迅捷信任是脆弱的，因此开始时的信任建立和后来的信任维护都很重要。此外，来自不同的国家、种族和组织的全球虚拟团队成员进行电子沟通时，信任的建立和维系也相当困难。

影响虚拟团队效能的任务过程是与团队成员通过合作以完成任务相关的过程，包括电子沟通、知识整合及任务—技术—结构匹配的程度等。（1）团队内互动对团队效能具有正向影响，媒介必须借助团队的互动形态来影响绩效。知识交互系统可以在仅仅通过电子媒介进行沟通的虚拟团队中得以形成，但问题的关键是如何利用电子媒体创造更为社会化的因素以促进知识整合。（2）知识管理系统可以直接解决虚拟团队知识整合过程中的交易记忆约束、相互理解不足、情景知识失效以及组织联系失灵四种问题，从而直接促进知识整合。但缄默知识的转化依赖于数据的标准化过程，这一标准化过程是一个技术系统与社会系统互动对话的长期过程，甚至很多缄默知识不可能标准化。（3）任务—组织匹配理论认为，组织为取得更好的绩效，必须使组织结构匹配组织任务。而任务—技术匹配模型则认为，任务特征、技术特征与个人特征是影响个人工作绩效的前因变量，信息技术只有与其要求的任务相匹配才能有效地改善员工工作绩效。技术—组织匹配理论认为，组织对技术的依赖性越强，就越可能受到技术刚性的约束，从而组织建构了技术系统并赋予技术系统以意义。任务—技术—组织之间是一个相互匹配的系统，而且三者的匹配关系是有阶段的、长期的动态匹配关系。

社会资本过程与任务过程存在着内在的互动关系，这种互动关系对虚拟团队效能会产生影响。一方面，信息技术可以通过促进团队社会资本发展来促进知识整合，社会资本也可以通过提高虚拟团队知识整合来降低电子媒体的负面影响。特定的社会资本可以弥补由于虚拟沟通所产生的信息损失问题，甚至可以接近达到传统团队的知识整合水平。情感性连带虽然不一定直接对知识整合产生作用，但情感性连带中包含很多有益于社会化的因素，比如更深厚的友谊和更多的社会支持等，这些社会化的因素更有益于产生高程度的信任和凝聚力。另一方面，虚拟团队最大的优势是知识的共享便捷性，大量非冗余性和异质性知识有助于激发其创造潜力。虽然虚拟团队成员并不能像传统团队一样有充足的时间去发展社会资本，但虚拟团队可以凭借电子信息技术来克服时间、区域或组织界限的障碍。利用电子媒体和良好的沟通支持系统甚至能创造更为社会化的因素，更有效地促进新形式的协作和智力嵌入，有助于使团队成员之间形成亲密的关系、获得较高的信任和增强社会情感关系，最终将虚拟团队发展成为一个高信任度的团队。

本章参考文献

［1］Sosa, M. E. , Steven, D. Factors that influence technical communication in distributed product development：An empirical study in the telecommunications industry ［J］. IEEE Transactions on Engineering Management, 2002, 10（49）：45 – 58.

［2］Abraham, T. , Boone, L. W. Computer-based systems and organizational decision making：An architecture to support organizational innovation ［J］. Creativity Research Journal, 1994（4/5）：111 – 123.

［3］Daftr, L. , Lengel, R. H. Information richness：A new approach to managerial behavior and organization design ［J］. Research in Organizational Behavior, 1984（6）：191 – 233.

［4］Davis, F. D. Perceived usefulness, perceived ease of use, and useracceptance of information technology [J]. MIS Quarterly, 1989 (9): 319 – 340.

[5] Fulk, J. Social construction of communication technology [J]. Academy of Management Journal, 1993, 36 (5): 921 – 950.

[6] Gladstein, C. R., Day, D. V. Groups in context: A model of task groupeffectiveness [J]. Administrative Science Quarterly, 1984, 29 (5): 499 – 517.

[7] Goodhue, D. L., Thompson, R. L. Task-technology fit and individual performance [J]. MIS Quarterly. 1995, 19 (2): 213 – 236.

[8] Grabowski, M., Roberts, K. H. Risk mitigation in virtual organizations [J]. Journal of Computer – Mediated Communication, 1998, 3 (4): 623 – 634.

[9] Jarvenpaa, S. L., Leidner, D. E. Communication and trust in globalvirtual teams [J]. Organization Science, 1999, 10 (6), 791 – 815.

[10] Kanawattanachai, P., Yoo, Y. The impact of knowledge coordination on virtual team performance over time [J]. MIS Quarterly, 2007, 31 (4): 783 – 808.

[11] Katz, R., Allen, T. J. Project performance and the locus of influence in the R & D matrix [J]. Academy of Management Journal, 1985, 28 (1): 67 – 87.

[12] Kraut, R, Steinfield, C., Chana, P., et al. Coordination and virtualization: The role of electronic networks and personal relationships [J]. Organization Science, 1999 (10): 722 – 740.

[13] Lurey, J. S., Raisinghani, M. S. An empirical study of best practices in virtual teams [J]. Information & Management, 2001, 38 (8): 523 – 544.

[14] Majchrzak, A., Malhotra, A., John, R. Perceived individual collaboration know-how development through information technology-enabled contextualization: Evidence from distributed teams [M]. Information Systems Re-

search, 2005, 16 (1): 9 – 27.

［15］Mark, M., Caya, O., Pinsonneault, A. Virtual teams demystified: An integrative framework for understanding virtual teams and a synthesis of research ［J］. MIT Sloan Research Paper, 2009, 9 (2): 1 – 3.

［16］Markus, M. L. Electronic mail as the medium of managerial choice ［J］. Organization Science, 1994, 5 (4): 502 – 527.

［17］McDonoug, E. F., Kahn, K. B., Barczak, G. An investigation of the use of global virtual and collocated new product development teams ［J］. The Journal of Product Innovation Management, 2001, 18 (2): 110 – 120.

［18］McGrath, J. E. Social psychology: A brief introduction ［M］. New-York: Holt, Rinehart & Winston of Canada Ltd, 1964.

［19］Meyerson, D., Weick, K. E., Kramer, R. M. Swift trust and temporary groups. In: Kramer, R. M, Tyler, T. R, editors. Trust in organizations: Frontiers of theory and research ［M］. Thousand Oaks, CA: Sage, 1996: 166 – 195.

［20］Miles, S. J., Mangold, G. The impact of team leader performance on team membersatisfaction: The subordinate's perspective ［J］. Team Performance Management, 2002, 8 (5/6): 113 – 121.

［21］Niederman, F., Beise, C. M. Defining the "Viaual nesd" of Groups, Teams, and Meetings ［M］. SIGCPR, 1999: 14 – 18.

［22］O'Leary, M. B., Cummings, J. N. The spatial, temporal, and configurational characteristics of geographic dispersion in teams ［J］. MIS Quarterly, 2007, 31 (3): 433 – 452.

［23］Powell, A., G. Piccoli, B. Ives. Virtual teams: A review of current literature and directions for future research ［J］. The Data Base for Advances in Information Systems, 2004, 35 (1): 6 – 36.

［24］Prasad, P. Symbolic processes in the implementation of technological change: A symbolic inter-actionist study of work computerization ［J］. Academy of Management Journal, 1993, 36 (6): 1400 – 1429.

[25] Selten, R. , Warglien, M. The emergence of simple languages in an experimental coordination game [J]. Proceedings of the National Academy of Sciences of the United States of America, 2007, 18 (1): 7361 – 7366.

[26] Shneiderman, B. Creating creativity: User interfaces for supporting innovation [J]. ACM Transactions on Computer – Human Interaction, 2000, 7 (1): 114 – 138.

[27] Thomas, R. J. What machines can't do: Politicsand technology in the industrial enterprise [M]. Berkeley: Universityof California Press, 1994.

[28] Thompson, J. D. , Bates, F. L. Technology, organization, and administration [J]. Administrative ScienceQuarterly, 1957, 2 (3): 325 – 343.

[29] Kayworth, T. R. , Leidner, D. E. Leadership effectiveness in global virtual teams [J]. Journal of Management Information Systems, 2002, 18 (3): 7 – 40.

[30] Watson, W. E. , Kumar, K. , Michaelsen, L. K. Cultural diversity's impact on interaction process and performance: Comparing homogenous and diverse task groups [J]. Academy of Management Journal, 1993, 36 (3): 590 – 602.

[31] Watson – Manheim, M. , Belanger, F. Exploring communication-based work processes in virtual work environments [J]. Hawaii International Conference on System Sciences, 2002, 8: 3604 – 3613.

[32] Wisenfeld, B. M. , Raghuram, S. , Garud, R. Communication patterns as determinants of organizational identification in a virtual organization [J]. Journal of Computer – Mediated Communication, 1998, 3 (6): 777 – 790.

[33] Wisenfeld, B. M. , Raghuram, S. , Garud, R. Organizational identification among virtual workers the role of need for affiliation and perceived work-based social support [J]. Journal of Management, 2001, 27 (2): 213 – 229.

[34] [美] 迪恩·R. 斯彼德著，龚艺蕾译. 绩效考评革命——反思

考评方式驱动团体成功［M］. 北京：东方出版社出版，2007：183－191.

　　［35］高晶，关涛和王雅琳. 信息技术应用与组织结构变革的互动［J］. 研究科学学与科学技术管理，2007（10）：43，45.

　　［36］梁定澎. 资讯管理研究方法总论［J］. 资讯管理学报，1997（1）：1－6.

　　［37］刘咏梅，胡尊爽. 沟通技术和时间因素对虚拟团队过程影响实验研究［J］. 管理科学，2009（6）：47－56.

　　［38］罗双平. 未来的企业组织：虚拟团队［J］. 中国人才，1999（9）：17－18.

　　［39］王凤仪. 新科技对小团体决策之影响：从电脑中介传播谈起［D］. 新竹：台湾交通大学硕士学位论文，1999.

　　［40］王克强，季唯佳，刘红梅. 国外虚拟团队的信任问题研究动态［J］. 商业经济与管理，2006（10）：32－35.

　　［41］王佑中. 团队虚拟化程度、团队内互动与团队效能之关系研究［D］. 台中：中兴大学硕士学位论文，2004.

　　［42］王重鸣，邓靖松. 不同任务情境中虚拟团队绩效过程模式［J］. 心理学报，2005，37（5）：681－686.

　　［43］王重鸣，邓靖松. 虚拟团队沟通模式对信任和绩效的作用［J］. 心理科学，2005，28（5）：1208－1210.

第九章

虚拟团队效能管理的策略选择

通过本书的理论与实证研究，得到了一些有益于实践的研究结论。本章试图将上述理论与实证结论应用于虚拟团队效能管理的实践，拟聚焦于如下问题进行阐述。首先，虚拟团队较多的依赖电子沟通模式，虚拟团队的初期信任遵循的是迅捷信任模式，这种迅捷信任是脆弱的。其次，全球虚拟团队进一步拓展了虚拟团队的地理、时空、文化和组织的边界，跨文化冲击成为决定全球虚拟团队成功运营与否的一股看不见的力量。再次，虚拟团队运作的核心是沟通，促进虚拟团队沟通的重点在于如何提供或创造良好的技术工具来辅助并为团队带来有效的成果。最后，虚拟团队的领导受信息技术的影响，不仅领导与成员间的沟通要通过信息技术，支援团队运作的信息收集与扩散也要通过信息技术来传达。

第一节　迅捷信任及信任管理

布洛瓦（Blois，1997）指出，信任（trust）通常是指对另一方可能造成伤害的接受度，但伤害往往是不可预期的、不怀好意的或缺乏善意的。因此，信任是一种心理状态，是由接受这一伤害的倾向所构成的，与对另一方之行为或倾向的正面期望有密切相关。信任本身并不是一项行为，只有合作才是一种行为；信任也不是一项选择，只有承担风险才是一项选择，却是由这类行动所造成的一种隐含的心理状态（Rousseau，1998）。综观文献，大多数学者都将信任视为健全人格的基本组成要素，是人际关系的基础，是合作的必要条件，也是稳定的社会制度与市场的基本因素（Lewicki，1998）。信任作为一种社会资本，带给组织的好处除了可产生合作的行为之外，还可以降低伤害性的冲突，减少交易成本，促成动态性组织的形成，促进虚拟团队的快速组建和加速对危机的有效应对。然而，虚拟团队的初期信任遵循的是迅捷信任模式，这种迅捷信任是脆弱的，所以开始时的信任建立和后来的信任维护都很重要。

一、虚拟团队的迅捷信任模式

一群拥有不同技术且团队成员组成也从未合作过，一旦团队完成其特定的共同目标后，就会解散，也不会期待再次一起工作，成员之间没有时间去积累和发展信任，所以成员之间便假设一开始就存在信任并开始行动的，我们称之为迅捷信任（swift trust）。传统信任（traditional trust）根植于强大的人际关系，而虚拟团队由于时空分散性及短期，在未曾见面的情况下很难对团队成员的信任做出评估，信任必须迅速形成，因而虚拟团队的初期信任（initial trust）遵循的是迅捷信任模式（McDonoug，Kahn & Barczak，2003）。在虚拟团队发展的初期，要求成员有热情的沟通及其主动而积极的行为，还要处理一些技术上的问题，进而促进团队初期信任或迅捷信任的建立。

与传统团队相比，虚拟团队较多的依赖电子沟通模式，成员之间的联系较弱（McDonoug，Kahn & Barczak，2003）。虚拟团队这种初期迅捷信任是脆弱的（frangibility），所以开始时的信任建立和后来的信任维护都十分重要（Meyerson，Weick & Kramer，1996）。早期面对面会议、沟通培训等良好的沟通支持系统，有助于培养团队成员形成亲密关系、增强团队成员的社会情感发展和团队后期的成功（Maznevski & Chudoba，2001）。不同文化的团队成员之间强调共性的社交沟通活动和定期举办全体团队成员参加的座谈会等，有助于团队成员建立良好的关系（Sarker & Sahay，2002）。虽然虚拟团队在起始阶段凝聚力较低，但随着虚拟团队成员交换的社交信息越来越多，同样可能形成较强的凝聚力（Chidambaram，1996）。如果虚拟团队成员能发送更多的社交信息，就会获得较高的信任和更好的社会情感关系（Savicki, Kelley, Lingenfelter & Gender, 1996），虚拟团队同样有可能发展成为一个高信任度的团队（Warkentin, 1999）。

二、虚拟团队的信任发展阶段及管理策略

沃肯廷和贝拉尼克（Warkentin & Beranek, 1999）将信任分为认知（cognitive-based trust）信任和情感（affective-based trust）信任，所谓认知信任就是基于能力、可靠度与专业的信任，而情感信任则是基于关心与彼此情感联结的信任。在虚拟团队建立的初期，依赖的认知信任多于情感信任，但随着时间的推移认知信任有所减弱，情感信任明显加强（Warkentin & Beranek, 1999）。尽管如此，虚拟团队始终仍然是认知信任程度高于情感信任程度（Kanawattanachai & Joo, 2002）。而且，因为在虚拟团队中发展社会关系很不容易，所以虚拟团队的沟通活动始终是以任务导向为主的。

列维奇和邦克（Lewicki & Bunker, 1996）提出虚拟团队信任发展的三个阶段模型，如图9-1所示。第一阶段是计算信任（calculus-based trust），计算信任存在于个体之间，其信任关系价值的决定是以创造、维持关系对于维护、断绝关系的相对成本为基础。第二阶段是知识信任（knowledge-based trust），知识信任建立在两个群体彼此足够了解，可以预测对方的基础上的信任。第三阶段是认同信任（identification-based trust），认同信任是基于双方可以有效率地了解并察觉相互的需求。将这个三个阶段模型应用于虚拟团队，扎卡罗和伯德（Zaccaro & Bader, 2003）认为，团队管理者可以通过对应的行动来增进虚拟团队的信任。

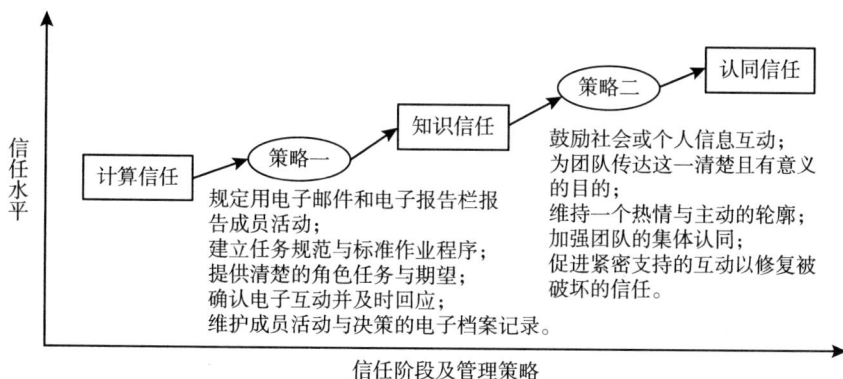

图 9 – 1　虚拟团队信任发展的三个阶段模型及管理策略

资料来源：列维奇和邦克（Lewicki & Bunker, 1996）；扎卡罗和伯德（Zaccaro & Bader, 2003）。

第二节　全球化及跨文化管理

在 21 世纪的今天，信息技术使得与不同国家的人进行合作，处理一些需要各地区、各领域专业人士合作才能处理的复杂问题成为可能，区域性的虚拟团队由此进化为全球虚拟团队。如上所述，全球虚拟团队进一步拓展了虚拟团队的地理、时空、文化和组织的边界，面临的问题更多、挑战更大。不同国家文化背景的成员势必存在跨文化距离，因而可能产生跨文化冲击，跨文化冲击也因此成为决定全球虚拟团队成功运营与否的一股看不见的力量，有必要对跨文化因素在虚拟团队中所扮演的角色进行重新的思考。

一、跨文化距离

信息技术发展及交通的便捷化，使得组织全球化成为一种迅猛发展而不可逆转的发展潮流。世界不断地在变化，当今的地球已成为"地球村"。现今的虚拟团队成员很可能分别来自亚洲、欧洲或是北美洲等的不同国家或地区，与以往相比，这种类型的虚拟团队变得越来越普遍。这种类型的虚拟团队成员可能具有不同文化背景、不同性别、不同年龄、不同性取向、不同训练背景或不同组织层级。虚拟团队得以建构在全球化的情境之上，全球虚拟团队（global virtual team）应运而生，全球虚拟团队进一步拓展了虚拟团队的地理、时空、文化和组织的边界。如上所述，全球虚拟团队是具有不同文化背景的成员组成的、主要通过信息技术和电子沟通以克服地理和时间分散障碍的临时性工作团队（Jarenpaa & Leidner，1999）。全球虚拟团队的主要全球化特征包括来自各国不同文化和不同地理区域的成员，因为成员处在全球不同的文化环境下，所以有不同的思考和任务行为方式。

文化是在特定社会中人们心理表现的总体，是团队拥有的共同组合特性（collective programming of the mind）。不论是国家或是组织，文化通常被定义为一套理所当然的假设、期望或存在的法则，同时形成个人的态度，最终成为个人的行动、信仰和行为（Adler & Jelinek，1986）。当本国文化与他国文化在沟通与协商的态度、时间或空间等概念呈现出差异时，可称之为"跨文化距离"（cross-culture distance），有时也被称为"跨文化差异"。跨文化距离可分为国家文化距离和组织文化距离，本部分主要探讨全球虚拟团队的跨国文化距离。例如，在沟通的过程中，中国人偏好使用辅助语言的提示和其他语境来进行口头沟通，而西方的演讲者则更多依赖于内容而忽视语境。霍夫施泰德（Hofstede，1980；1991）是跨文化研究的典型代表。

霍夫施泰德（1980；1991）在1967～1973年，针对IBM公司66个国家的分公司，收集了116000位员工资料开展了跨文化研究，结果表明，国与国之间的文化存在显著的差异（distance），且这些跨文化距离会造成国际经营管理上的困难和挑战。霍夫施泰德（1980；1991）采用权利距离（power distance）、不确定性规避（uncertainty avoidance）、个人主义与集体主义（individualism vs. collectivism）、男性化与女性化（masculine vs. feminine）四个指标来衡量各国文化与价值取向。（1）权利距离是组织成员对权利分配不均的接受程度，权利距离越高，表示社会中越有集权现象，并越重视传统和权威，越讲究社会阶级。（2）不确定性规避代表社会成员感受到不确定及模糊情境受到威胁的程度。不确定性规避性越高，则人们越普遍存有较高的焦虑感，其行为越容易紧张和暴躁，对不同的行为意见越不容易容忍。（3）个人主义与集体主义指的是人们以所述的团体或组织界定自己的程度。在个人主义的文化里，组织结构较为松散，每个人仅关心自己或自己最亲近的人，员工不期望会被终身雇佣，相信自己的利益靠自己去争取，并强调个人英雄主义。集体主义则表现为社会结构紧密，个人被视为团体中的一分子予以照顾，个人对集体有绝对的忠诚度。例如，美国人一般比较信奉个人主义，而日本人则比较信奉集体主义。（4）男性化与女性化是指不同国家对两性角色与期望的区分程度。男性化是指社会文化强调独断专行、攫取金钱及物质，而不关心他人。女性化则主张社会应强调人与人之间的关系，并加强对别人的关怀与整体生活质量的提高。两个人的文化背景距离越大，他们就越有可能以种族的方式交往，而不是以个人接触的方式来交往。跨文化距离越大，不同文化背景的成员间的沟通和建立有效能的团队就越困难。

国家文化可分为近东、北欧、日耳曼、盎格鲁、拉丁欧洲、拉丁美洲、远东、阿拉伯、独立九种集群，各集群内的国家文化较为相似（Romen & Shincha, 1984）。但实际上，同一集群内部或国家内部也可能存在地区性的次文化距离，例如两岸同属一个中国，但台湾员工在不确定性规避方面具有较高的倾向，而大陆员工对工作规章的明确性较台湾员工较为重视；台湾员工则较在意是否与同事能够合作无间，而大陆员工在男性作风方面有较高的倾向（薛英宏，2000）。人们常常被相似性所吸引，但在一个多元文化的时代，旧有的文化优越感不应存在，但实践中同化与多元化往往存在冲突。多元化的团队优点是更具创造性，更能解决组织面临的难题，且不太可能产生"团队迷思"现象。所谓"团队迷思"就是团队的领导者通过劝说，让成员认为他的解决方案是最好的，研究者认为，团队迷思造成的结果往往非常糟糕。

二、跨文化冲击

生活在特定的文化中的人们会形成一种特定的世界观，包括为明确说明的假设、风俗习惯和思维方式上的不同，会产生比真正存在的分歧多得多的个体或团队间的冲突。跨文化冲击（cross-culture shock）是由于不熟悉新文化认知的方向以及不能发挥必须扮演的角色技巧，而使异国人不能适当地处理面对的新环境，进而导致的无力感（Taff，1977）。跨文化冲击有时也被称为跨文化冲突。多项研究表明，跨文化冲击适应不良将导致任务的失败（Dumn，1980；Harris & Moran，1991；Fpmtaome，1996；Forster，2000），因此，跨文化冲击是决定全球虚拟团队成功运营与否的一股看不见的力量。文化结构就像"冰山"（iceberg），其中，露在"水面"上的部分是文化中较容易观察到的项目，如语言、实务、穿着、建筑和艺术；而被"海水"淹没的是道德、价值观、肢体语言、男女关系、家庭忠诚、学习模式、工作激励与员工忠诚。古德曼（Goodman，1994）认为，这些被海水淹没的难以发现的部分，正在慢慢地破坏着组织的业绩。存在文化争执的冲突要比不存在文化争执的冲突对人际关系造成的伤害更大，当存在文化争执的冲突时，理性的争论已无用武之地。

不论成员的种族是否相同、性别是否一样或性别取向是否一致，人与人之间都应平等相待。冲击本来是中立的（neutral），建设性的功能性冲击（functional conflict）可能使组织获得减少团队迷思、增加创意等好处（Jehn，1995）。冲击处理类型可以分为整合、让步、圆滑、支配、逃避及妥协等（Rahim，1983）。冲击处理类型整合方式可分为积极型（activeness）与亲和型（agreeableness）两个大类。其中，积极型指较为回应性地、直接地处理冲击，而亲和型指以轻松舒适、愉悦而非以紧张的状态来处理冲击（Van de Vliert & Euwema，2001）。例如，个体主义的美国人比日本及韩国人更倾向采取偏向竞争的支配型；而东方社会在面对冲击时，较为顾及他人的面子，比较不偏向采取积极型的冲击处理类型（Peng & Tjosvold，2011）。

三、跨文化适应

跨文化适应（cross-cultural adjustment）指个体为适应在不同环境所产生文化冲击的过程中，在心理及情绪方面对新文化的反应（Caligiuri，2000）。当一个来自其他文化的人感到他能适应社会情境，他就有可能会按其他文化成员所希望的行为来行动。具体而言，跨文化适应可分为一般适应、互动适应和工作适应三类（Black & Stephens，1989）。李克里斯（Lee，1983）将文化冲击过程及调适策略予以模型化（如图9-2所示），认为当接触不同文化时，个人可能有正面及负面的态度。假如采取开放、接受、相信及弹性的正面态度，在接触不同的文化时所产生的不协调情况，可以用观察、倾听或询问等个人调适策略来降低挫折、迷惑、误解或不安的情况发生，并融入新的关系中。若采取恐惧、自大、偏见或怀疑的负面态度，在接触到文化差异时，以批评、强作解释或是孤立的态度面对不协调，将对环境疏远并退缩。奥伯格（Oberg，1960）将跨文化适应分为蜜月期、危机期、恢复期和调适期四个阶段。当来自一种文化的成员 A 与来自另一种文化的成员 B 可能会产生非常相像的行为，甚至做得比 B 更相像时，我们将这种现象称之为"过于迁就融合"（overshooting）的行为。

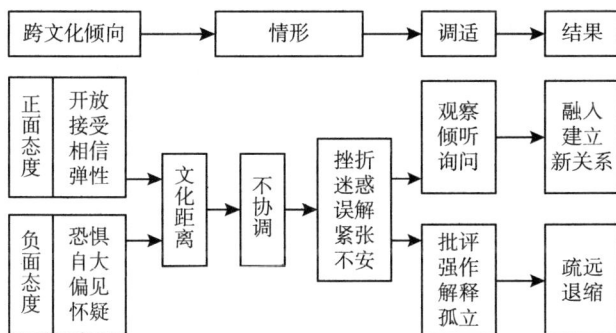

图9-2 跨文化冲击及调适策略

资料来源：李克里斯（Lee，1983）。

四、跨文化效能

跨文化效能（cross-cultural effectiveness）也可称为跨文化能力或跨文化成功（Kelley & Meyers，1995）。跨文化效能被看成是一种转换的技术，包含在不同的文化之中（Kelley，1989）。因此，组织需要有效地管理和转换知识以达成跨文化效能的技术和沟通能力，并运用跨文化训练的课程，借以促进个人在不同文化中更有效率地与人互动，能使人际误解最小化（Harris & Moran，1991）。韩丕智（Han，1997）将跨文化效能（cross-cultural effectiveness）分为心理压力处理能力（dealing with psychological stress competence）、跨文化同理心能力（cross-cultural empathy competence）、跨文化沟通能力（cross-cultural communication competence）、跨文化关系能力（cross-cultural relationship building competence）和跨文化察觉能力（cross-cultural awareness competence）。有许多旨在改善不同文化团队成员间关系以提高跨文化效能的方法，其中大多数需要用跨文化训练的手段来实施。

心理压力处理能力是指在生活环境改变、具有挑战性和刺激时，通过努力调整以适应新环境的能力（Kim，1988）。这些心理压力指标包括挫折、压力、紧张、不同的政治体系、压力到顺从、社会疏离感、财务困难和人际冲突等（Hammer，1978）。

成功的文化适应者最共通的基础行为是文化同理心能力（Shear，1993）。文化同理心能力通常包括价值判断，是指将自己融入其他文化之中的能力（Harris & Moran，1991）。具体包括容忍、文化的同理心、工作形式同理心和文化差异知觉。

沟通一直被认为是获得跨文化效能的一项重要的技术（Shear，1993），因而跨文化沟通能力是跨文化效能的一个关键内容。跨文化沟通能力包括海外沟通系统的知识、认知能力、情意能力和行为能力等（Kim，1988）。

　　跨文化关系能力具体包括发展和他人人际关系的能力、维持和他人人际关系的能力、正确了解他人感觉的能力、和他人有效工作的能力、和他人产生共感的能力以及有效处理不同社会风俗的能力（Hammer，1978）。

　　文化察觉和自我察觉是密不可分的（Adler，1975）。自我察觉是一个有跨文化能力的人在和不同文化的人员接触时，会接受其不同文化的基本观点和理解以及观点限制下的行动，并且具备知道、了解和内化此文化的基本信仰的能力（La Fromboise，Coleman & Gerton，1993）。而文化察觉则是一个人对不同文化的历史、制度、仪式和每天的事务所知觉的程度（吴永钦，2000）。

第三节　电子沟通社会化及媒介应用

　　通过各个地区和个人所共同合作的信息技术，来辅助有效地沟通和有效率的联结，可以大大地节约运营管理成本（McMahan，1998；Banker，2002）。但是，虚拟团队运作的核心是沟通，而虚拟团队的沟通主要是借助电子媒介进行的，虚拟环境对虚拟团队在试图跨时区、跨文化和不同情绪模式协调和沟通时，提出了诸多挑战（Warkentin & Beranek，1999）。促进虚拟团队沟通的重点在于，如何提供或创造良好的技术工具来辅助并为团队带来有效的成果。虽然使用群体决策支持系统为辅助工具的团队，其过程满意度较高，但虚拟团队沟通过程对技术要求非常严格。只有信息技术与任务特征、团队阶段、团队结构、组织文化或社会文化环境相适应，团队成员适应新的技术、新的团队形式和新的沟通方式，才能确保沟通的有效性。

一、虚拟团队电子沟通的社会化难题

　　信息技术可以帮助人们更好地处理虚拟团队复杂事务、增生数据、协助人们挖掘数据或提高管理者的洞察力。例如，技术可以使数据传递更加迅速、让数据搜集自动化、减少数据处理中的错误，进行复杂的分析（包括对假设情况的模拟），帮助人们做出预测性模式、以实际的形式来陈述数据、拥有视觉化能力。而且技术减少了手动数据操作、减少了没有增加必要价值时的人类干预。技术可以准备好信息以待虚拟团队成员在进行数据诠释性活动时，能随时获取数据。然而，工作的过程仍旧是以社会性为主导的，技术难以代替人类对数据的理解以及将数据转化成为智慧的过程，工作在很多时候的挑战是文化性而非技术性的，人们对于数据的拒绝、破坏、滥用将导致技术应用的失败，对技术的不恰当运用会阻碍技术解决方案的有效性。因此，人们需要在一个更为广阔的社会文化环境下看待数据分析结果，而不是在自动化系统提供的技术环境中看待。

　　虚拟团队运作的核心是沟通，其重要性在于如何提供或创造良好的技术工具来辅助并为团队带来有效的成果（Solomam，2001）。虚拟团队与传统团队的差别之一在于虚拟团队成员间的电子化联结，数字媒介带来的冲击成为驱动虚拟团队管理变革的驱动力（Lipnack & Stamps，1997）。虽然通过各个地区和个人所共同合作的信息技术做进行时沟通和有效率的联结，可以大大地节约运营管理成本（McMahan，1998；Banker，2002），但是虚拟环境对虚拟团队在试图跨时区、跨文化和不同情绪模式协调和沟通时，提出了诸多挑战（Warkentin & Beranek，1999）。虚拟团队的分散性使得成员不得不更多地依赖信息和通信技术，但与面对面沟通相比，电子媒介沟通容量小、信息传递有限，虚拟团队沟通过程对技术要求非常严格。与传统团队成员相比，虚拟团队存在的低凝聚力、低团队信任、欠缺标准作业程序和流程损失的情况更为普遍（Zaccaro & Bader，2002）。而且，虚拟环境下的沟通过程存在信息反馈延迟、共同语言缺少、文本理解差异以及团队成员参与承诺降低，非语言沟通缺失等问题（Johansson，Dittrich & Juustila，1999），这些问题在全球虚拟团队中表现得更为突出（McDonoug，Kahn & Barczak，2003）。

二、群体决策支持系统的运用

综上所述，莫顿（Morton，1971）最早提出决策支持系统（decision support systems，DDS）的概念，试图以电子化的交谈系统（interactive computer-based systems，ICBS）协助决策者使用资料（data）和模式（models）来解决非结构性（unstructured）问题（梁定澎，1997）。而群体决策支持系统（group decision supporting system，GDSS）在决策过程中会产生信息交换（information exchange）、信息处理（information processing）和团队管理（team management）等主要功能（Poole & Holmes，1995）。群体决策支持系统支持的范围包括群体决策中基本信息活动和阶段性活动，其中基本信息活动包括信息的检索、共享和使用；阶段性活动包括分析问题、意见发生和达成共识等（王凤仪，1999）。群体决策支持系统的设计按团队的大小可分为决策室（decision room）、区域决策网络（local area decision network）、议事会议（legislative session）和计算机中介会议（computer mediated conference）。群体决策支持系统对虚拟团队带来的效益在于平行沟通、匿名性、群体记忆、过程结构、任务支持与任务结构等。

随着信息技术的发展，创造力也能建构在计算机系统上。创造力支持系统（creativity support systems，CSS）是以内在创造力为基础，通过适当的使用者界面设计，合宜的信息支持服务，协助个人或团队在创意活动的过程中，来促进创意活动过程得以顺利进行，并试图增进其创意结果的有效产出（Abraham & Boone，1994；Shneiderman，2000）。信息技术能强化使用者现存的思考，甚至明显改变其思考策略（Barzilai & Zohar，2006）。人具有不同的特质、思维、背景和个性，因此创造力支持系统理论的依据和基础也因人而异，其提供的创意协助必将有所差异（李震华，2009）。

三、面对面沟通与计算机媒介的交互运用

使用不同的计算机媒介（如 GDSS、Email）及面对面沟通，会带来不同的满意度（Jarvenpaa，Rao & Huber，1988）。相对使用纸质沟通工具或不使用群体决策支持系统的团队而言，使用群体决策支持系统为辅助工具的团队的过程满意度较高（DeSanctis & Poole，1994）。定期的面对面会议通过组织协调活动有助于项目正常进行，达到预期的结果。当面对面协调会议不可行时，建立协调纪要和沟通培训有助于提高协调和合作能力（Maznevski & Chudoba，2001）。面对面会议或电话沟通对不明确的任务、冲突管理、外部资源的配置及战略方向的制定极为合适，而电子沟通最好用于结构化任务，如日常分析、项目状况监控等（Majchrzak，Rice，Malhotra & King，2000）。虚拟团队沟通技术的使用需要因具体的情境而异，其适应性如表 9 - 1 所示。

表 9 - 1　　　　　　　　　虚拟团队沟通技术的适应性

沟通技术	技术特征及适应性
面对面会议	媒体信息富裕度最高的沟通方式，在虚拟团队组建阶段，面对面会议非常重要
E - mail	用于发送个体信息，最适合于 1∶1 通信，也可以用来同几个人通信（1∶F）
网站	适合于向大型群体发布信息；随着需要获取信息的人数增加，这种方式变得更加有用
基于 Web 的群件	最适合于中等规模群体间的结构化通信，是一种允许双向通信的网站形式
论坛	是一种真正促进协作的非交互式 Internet 技术，适合于大型、无关的群体对感兴趣的主题发表评论
音频/视频会议	最适合复杂信息的交互式通信；受硬件条件的影响，适合于两方或少数对象间的通信
文本会议	在音频或视频会议无法实现的情况下，适合于大型多样化群体间的交互式通信方式

资料来源：瓦尔纳和比默（Varner & Beamer，2006）。

相对于面对面沟通的团队而言，使用计算机媒介的虚拟团队在视觉或行为交流方面，都会受到限制（Short，Williams & Christie，1976），不同沟通媒介会让团队在讨论的过程中有不同的感受。因此，信息技术应与任务特征、团队阶段、团队结构、组织文化或社会文化环境相适应（Maznevski & Chudoba，2001；Sarker & Sahay，2002；Majchrzak，Rice，Malhotra & King，2000）。虚拟团队成员需要适应新的技术、新的团队形式和新的沟通方式，才能确保沟通的有效性，努力缩小文化障碍也有助于提高虚拟团队成员的协调能力（Sarker & Sahay，2002）。此外，团队沟通可分为链状、轮状和全面管道三种模式，领导者的重要性在上述沟通模式中的顺序依次是轮状、链状、全面管道；而团队成员满意度则以全面管道最佳，其次是链状，最后是轮状。而高水平信任的虚拟团队具有可预测的沟通模式、充分的反馈和积极的领导，能够处理技术的不确定性（Jarvenpaa et al.，1999）。

第四节　电子化领导及领导行为

团队是由人组成的，信息科技虽然促使虚拟团队产生，但是人和组织才是虚拟团队发挥团队效能的重要因素（Lipnack & Stamps，1999）。在影响团队效能的众多因素中，团队领导者是影响团队效能的关键所在（Parker，1990）。虚拟团队成员为了达成特定的目标而结合，而虚拟团队最重要的灵魂人物是领导者。但传统团队领导与虚拟团队电子化领导（E‐leadership）主要差异在于，虚拟团队的领导受信息技术的影响，不仅领导与成员间的沟通要通过信息技术，支援团队运作的信息收集与扩散也要通过信息技术来传达。因此，虚拟团队领导者必须更具敏锐地用心和同理心，更具沟通效能，更为明确的角色，还要建立和维持适当的社会气候。

一、有效的虚拟团队领导者的前提

领导是清楚地提出一个包括价值观的愿景，并创造一个环境让人们得以在此环境中可以完成事情的过程（Richards & Engle，1986）。无论是过去还是现在，合作、协调都是团队进步的最大原动力。对于团队领导者而言，管理团队成员是他们最头疼的工作。多年来，研究者尝试各式各样的方法来研究与领导有关的问题。总体上，学者对领导的研究可分为特质论（trait theory）、行为论（behavior theory）和情境论（contingency theory）三大理论学派。特质论认为，影响领导是否有效的关键是领导者具有的人格、社会、心理、智力等特质。行为论则主张从行为的角度来解释，认为有效的领导是领导者采取了特定的领导行为，其中关怀行为重视对人的关注，能够体谅别人的需要和目标，以人为本，关注人性的因素；而倡导型行为则注重团队将来的工作和发展方向，例如，需要实现什么目标，如何才能实现这些目标以及如何控制成员的行为。情境论是行为论的延伸，认为在考虑更多的组织情境后，领导者能选择出最有效的领导方式（Robbins，1998）。

在影响团队效能的众多因素中，团队领导者是影响团队效能的关键所在（Parker，1990）。虚拟团队拥有许多传统团队的特征，虚拟团队的领导行为与传统团队存在相同点。例如，成员都必须认同彼此并提供大量合适的知识和资源，领导者和成员必须指导如何以最适当的方式将每个人的贡献整合起来，以取得协调有效的团队回应，因此有效的虚拟团队领导者的前提是他必须具有传统组织的领导者特质与行为。传统团队领导与虚拟团队领导主要差异在于，虚拟团队的领导还必须受信息技术的影响，不仅领导与成员间的沟通要通过信息技术，而且支援团队运作的信息收集与扩散也要通过信息技术来传达（Avolio，Kahai & Dodge，2001）。虚拟环境与多元性信息技术产生了一种新型的领导与团队工作情境，在这种新型情境下的领导通常被称为"电子化领导"（E-leadership）（Lee，Jo & Lee，

2011）。因此，与传统团队领导者相比，虚拟团队领导者必须更具敏锐的用心和同理心，更具沟通效能，更为明确的角色，还要建立和维持适当的社会气候。

二、有效的虚拟团队领导行为

领导者同样是虚拟团队的核心，担负着促进团队沟通互动、建立团队过程以及监督与指导成员达成任务的责任（Duarte & Snyder, 1999）。托马斯和博斯特罗姆（Thomas & Bostrom, 2008）认为，Y型领导者相较于X型领导能使团队信任与合作有较好的表现，但X型领导行为却能使团队有较佳的产出表现。凯沃思和莱德纳（Kayworth & Leidner, 2002）认为，全球虚拟团队领导者要同时表现多种领导角色，其中以关怀成员角色最佳。凯沃思和莱德纳（2002）基于领导理论，阐明了有效的虚拟团队领导者角色与行为，如表9-2所示。

表9-2　　　　　　　　　　有效的虚拟团队领导者角色

领导理论	虚拟团队领导者角色特征	虚拟团队领导者角色行为
特质理论	有效虚拟团队领导者特质	沟通技巧、善解人意、使成员角色明确并运用权威坚持达成任务、对成员采取关系而非专横的态度
行为理论	领导者可完美地兼具任务导向与关系导向	对成员持善解人意和关心的态度，注重沟通的技巧与角色明确
权变理论	有效率的领导者擅于考虑任务、团队和技术等情境因素	在分散和信息技术联结的团队中，重视沟通处理和社交促进
复杂理论	有效率的领导者在复杂环境中能展示多重复杂的风格	有效率的领导者能展示多样而复杂的角色，如专横和了解，其表现的社会与认知复杂可从社会与任务意识得知

资料来源：凯沃思和莱德纳（Kayworth & Leidner, 2002）。

马哈拉、马吉科扎克和罗森（Malhotra, Majchrzak & Rosen, 2007）

提出了有效的虚拟团队领导的六项准则，包括通过信息技术建立与维持信任、确保多元性意见在团队里得到理解与欣赏、管理虚拟工作周期与会议、通过技术运用来管理团队流程、增强团队成员的外部能见度以及确保参与虚拟团队的个体获益等。具体内容如表9-3所示。

表9-3 有效虚拟团队领导者的行为准则

行为准则	有效虚拟团队领导者的行为
通过信息技术建立与维持信任	专注于有多少的信息量被传递；审视与调整团队发展所需信息量；在虚拟工作平台上制定清楚的进度；使成员能公平的付出劳动
确保多元性意见在团队里得到理解与欣赏	在虚拟工作平台上具有专业知识与技能的子系统；在团队中将差异性较大的员工配对搭档或论调子团队的成员；通过非同步的电子讨论工具使多元性的意见被发表出来
管理虚拟工作周期与会议	非同步产生多元意见在同步的会议上进行意见聚合与共识决策；利用虚拟会议开始时建立的关系；会议期间通过记录以确保成员能接受信息；会议结束时确保记录与未来工作规划能建档在资料库中
通过技术运用来管理团队流程	仔细审视非同步与同步的沟通模式；在虚拟工作平台上，通过平衡计分卡衡量方式来制定明确的进度
增强团队成员的外部能见度	经常有包括团队成员当地主管的指导会议的对外报告
确保参与虚拟团队的个体获益	虚拟颁奖仪式；在每个虚拟会议开始时进行个别认知；使每个成员的当地主管知悉其贡献

资料来源：马哈拉、马吉科扎克和罗森（Malhotra, Majchrzak & Rosen, 2007）。

第五节 本章小结

虚拟团队较多的依赖电子沟通模式，成员之间的联系较弱，因此在虚拟团队发展的初期，要求成员以热情的沟通及其主动而积极的行为来促进团队信任的建立。但虚拟团队的初期信任遵循的是迅捷信任模式，而这种迅捷信任是脆弱的，所以开始时的信任建立和后来的信任维护都十分重要。虽然虚拟团队在起始阶段凝聚力较低，但随着虚拟团队成员交换的社交信息越来越多，从而能够获得较高的信任、更好的社会情感关系、形成较强的凝聚力，同样有可能发展成为一个高信任度的团队。随着时间的推移认知信任有所减弱，情感信任明显加强，但在虚拟团队中发展社会关系很不容易，因而虚拟团队的沟通活动始终以任务导向为主。

全球虚拟团队进一步拓展了虚拟团队的地理、时空、文化和组织的边界，不同国家文化背景的团队成员存在跨文化距离，因而可能产生跨文化冲击。大多数研究认为跨文化距离是影响虚拟团队的一个重要变量，跨文化冲击是决定全球虚拟团队成功运营与否的一股看不见的力量。在全球虚拟团队中，不同文化背景的成员之间存在语言、沟通、价值观和认知上的差异性，使得双方在沟通与互动的过程中可能存在较低的社会资本，从而影响虚拟团队的效能。跨文化效能具体包括跨文化沟通能力、处理心理压力能力、跨文化关系建立能力、跨文化同理心能力和跨文化察觉能力。

虚拟团队运作的核心是沟通，促进虚拟团队沟通的重点在于如何提供或创造良好的技术工具来辅助并为团队带来有效的成果。与面对面沟通相比，电子媒介沟通容量小、信息传递有限，虚拟团队沟通过程对技术要求非常严格，而且沟通过程存在信息反馈延迟、共同语言缺少、文本理解差异以及团队成员参与承诺降低，非语言沟通缺失等问题。这些问题在全球虚拟团队中表现得更为突出，虚拟团队存在的低凝聚力、低团队信任、欠缺标准作业程序和流程损失的情况更为普遍。决策支持系统可以通过电子化的交谈系统协助决策者使用资料和模式以解决非结构性问题，而群体决策支持系统可进一步支持信息的检索、共享、使用以及分析问题、意见发生和达成共识等，创造力也能建构在计算机系统之上。虽然使用群体决策支持系统为辅助工具的团队，其过程满意度较高。但在虚拟团队中，信息技术难以代替人类对数据的理解以及将数据转化成为智慧的过程，成员工作的过程仍旧是以社会性为主导的。因此，只有信息技术与任务特征、团队阶段、团队结构、组织文化或社会文化环境相适应，虚拟团队成员适应新的技术、新的团队形式和新的沟通方式，才能确保沟通的有效性。

虚拟团队的领导行为与传统团队存在相同点，有效的虚拟团队领导者的前提是他必须具有传统组织的领导者特质与行为。虚拟团队电子化领导与传统团队领导的主要差异在于，虚拟团队的领导势必受到信息技术的影响，不仅领导与成员间的沟通要通过信息技术，而且支援团队运作的信息收集与扩散也要通过信息技术来传达。因此，虚拟团队领导者必须更具敏锐的用心和同理心，更具沟通效能，角色更为明确，还要建立和维持适当的社会气候。有效的虚拟团队领导需要遵循如下准则：通过信息技术建立与维持信任、确保多元性意见在团队里得到理解与欣赏、管理虚拟工作周期与会议、通过技术运用来管理团队流程、增强团队成员的外部能见度以及确保参与虚拟团队的个体获益等。

本章参考文献

［1］Abraham，T.，Boone，L. W. Computer-based systems and organizational decision making：An architecture to support organizational innovation ［J］. Creativity Research Journal，1994（4/5）：111 – 123.

［2］Avolio，B. J.，Kahai，S.，Dodge，G. E. E – leadership：Implications for theory，research，andpractice ［J］. Leadership Quarterly，2001，11（4）：615 – 668.

［3］Barzilai，S.，Zohar，A. How does information technology shape thinking ［J］. Thinking Skills and Creativity，2006，1（2）：130 – 145.

［4］Black，J. S.，Stephens，G. K. The Influence of the spouse on American expatriate adjustment and Intent to stay in Pacific rim overseas assignments ［J］. Journal of Management，1989，15（4）：529 – 544.

［5］Chidambaram，M. Relational development in computer-supported groups ［J］. MIS Quarterly，1996，20（2）：143 – 163.

［6］De Sanctis，G.，Poole，M. S. Capturing the complexity in advanced technology use：Adaptive structuration theory ［J］. Organization Science，1994，

5 (2): 121 - 147.

[7] Duarte, D. L., Snyder, N. T. Mastering virtual teams: Strategies, tools, and techniques that succeed [J]. Internet & Higher Education, 1999, 3 (4): 245 - 248.

[8] Hammer, M. R., Gudykunst, W. B., Wiseman, R. L. Dimensions of intercultural effectiveness: An exploratory study [J]. International Journal of Intercultural Relations, 1978, 2 (4): 382 - 393.

[9] Han, P. C. An investigation of intercultural effectiveness of international university students with implications for human resource development [D]. Unpublished doctoral dissertation, 1997.

[10] Harris, P., Moran, R. Managing cultural differences [M]. Houston, TX: Gulf Publishing, 1991.

[11] Hofstede, G. Culture's consequences: International differences in work-related values [M]. Beverly Hills, CA: Sage., 1980.

[12] Jarvenpaa, S. L., Rao, V. S., Huber, G. P. Computer support for meetings of groups working on unstructured problems: A field experiment [J]. MIS Quarterly, 1988, 12 (4): 645 - 666.

[13] Johansson, C., Dittrich, Y., Juustila, A. Software engineering across boundaries: Student project in distributed collaboration. IEEE Transactions on Professional Communication, 1999, 42 (4): 286 - 296.

[14] Jones, G. R. Forms of control and leader behavior [J]. Journal of Management, 1983, 9 (2): 159 - 172.

[15] Kanawattanachai. P., Yoo, Y. The impact of knowledge coordination on virtual team performance over time [J]. MIS Quarterly, 2007, 31 (4): 783 - 808.

[16] Kayworth, T. R., Leidner, D. E. Leadership effectiveness in global virtual teams [J]. Journal of Management Information Systems, 2002, 18 (3): 7 - 40.

［17］ Kelley, C., Meyers, J. Cross-cultural adaptability inventory: Manual ［M］. Minneapolis, MN: ReidLondon House, 1995.

［18］ Kealey, D. J. A study of cross-cultural effectiveness: Theoretical issues, practical applications ［J］. International Journal of Intercultural Relations, 1989, 13 (3): 387 – 428.

［19］ Lee, C. Cross-cultural training: Don't leave home without it ［J］. Training, 1983, 20 (7): 20 – 25.

［20］ Lee, D, S., Jo, N. Y., Lee, K. C. Leadership styles, web-based commitment and their subsequent impacts on e-learning performance in virtual community ［J］. Springer Berlin Heidelberg, 2011, 151: 447 – 456.

［21］ Lewicki M. S. A review of methods for spike sorting: The detection and classification of neural action potentials ［J］. Network: Computation in Neural Systems 1998, 9 (4): 53 – 78.

［22］ Lewicki, R. J., Bunker, B. B. Developing and maintaining trust in work relationships. In: Kramer, R. M., Tyler, T. R. (editors). Trust in organizations: Frontiers of theory and research ［M］. Thousand Oaks, Calif: Sage, 1996: 114 – 139.

［23］ Lipnack, J., Stamps, J. Virtual teams: Reaching across space, time and organizations with technology ［M］. New York: John Wiley & Sons, Inc, 1997.

［24］ Majchrzak, A., Rice, R. E., King, N., Malhotra, A., Ba, S. Technology adaptation: The case of a computer-supported inter-organizational virtual team ［J］. MIS Quarterly, 2000, 24 (4): 569 – 600.

［25］ Malhotra, B. A., Majchrzak A., Rosen, B. Leading virtual teams ［J］. Academy of Management Perspectives, 2007 (2): 60 – 70.

［26］ Maznevski, M. L., Chudoba, K. M. Bridging space over time: Global virtual team dynamics and effectiveness ［J］. Organization Science, 2000, 11 (5): 473 – 492.

［27］McDonoug, E. F. , Kahn, K. B. , Barczak, G. An investigation of the use of global virtual and collocated new product development teams ［J］. The Journal of Product Innovation Management, 2001, 18（2）: 110 – 120.

［28］Meyerson, D. , Weick, K. E. , Kramer, R. M. Swift trust and temporary groups. In: Kramer, R. M. , Tyler, T. R. , editors. Trust in organizations: Frontiers of theory and research ［M］. Thousand Oaks, CA: Sage. 1996: 166 – 195.

［29］Oberg, K. Culture Shock: Adjustment to new cultural environments ［J］. Curare, 1960, 7（2）: 177 – 182.

［30］Peng, A. C. , Tjosvold, D. Social face concerns and conflict avoidance of Chinese employees with their Western or Chinese managers ［J］. Human Relations, 2011, 64（8）: 1031 – 1050.

［31］Zaccaro, S. , Bader, P. E – leadership and the challenges of leading e-teams: Minimizing the bad and maximizing the good ［J］. Organizational Dynamics, 2003, 31（4）: 377 – 387.

［32］Robbins, S. P. Organizationalbehavior: Concept, controversies, and applications（8st Ed. ）［M］. NJ: Prentice – Hall International, 1998.

［33］Rousseau, D. M. Why workers still identify with organizations ［J］. Journal of Organizational Behavior, 1998, 19: 217 – 233.

［34］Sarker, S. , Sahay, S. Information systems development by US – Norwegian virtual teams: Implications of time and space ［C］. Proceedings of the Thirty – Fifth Annual Hawaii International Conference on System Sciences ［M］. Hawaii, 2002: 18.

［35］Savicki, V. , Kelley, M. , Lingenfelter, D. Gender and group composition in small task groups using computer-mediated communication ［J］. Computers in Human Behavior, 1996, 12（2）: 209 – 224.

［36］Varner, I. , Beamer, L. Intercultural communication in the global workplace ［M］. 北京: 机械工业出版社, 2006.

[37] Warkentin, M., Beranek, P. M. Training to improve virtual team communication [J]. Information Systems Journal, 1999, 9 (4): 271 - 289.

[38] Zaccaro, S. J., Bader, P. E - leadership and the challenges of leading-teams: Minimizing the bad and maximizing the good [J]. Organizational Dynamics, 2002, 31 (4): 377 - 387.

[39] 李震华. 资讯科技对创意活动支援之研究——以锚点理论与完形理论为基础 [D]. 台北：台湾政治大学博士学位论文, 2009.

[40] 梁定澎. 资讯管理研究方法总论 [J]. 资讯管理学报, 1997 (1): 1 - 6.

[41] 王凤仪. 新科技对小团体决策之影响：从电脑中介传播谈起 [D]. 新竹：台湾交通大学硕士学位论文, 1999.

[42] 薛英宏. 企业员工国家文化价值观之研究——以台湾及大陆地区之比较分析 [D]. 台南：长荣大学硕士学位论文, 2000.

第十章

结论与展望

第一节　主要研究结论

一、虚拟团队创新绩效的形成机制

本书分别基于电子沟通和中国文化情境，实证检验了虚拟团队社会资本、知识整合与虚拟团队创新绩效的关系，得出的研究结论如下：（1）社会资本的结构维和认知维均正向影响虚拟团队知识整合，在中国文化情境下的关系维也正向影响虚拟团队知识整合，但在电子沟通情境下关系维对虚拟团队知识整合不具有显著的影响。总体而言，社会资本对虚拟团队异质性的知识整合具有一定的促进作用。相对传统团队而言，高效、多种媒介共享有助于虚拟团队成员间及时沟通与知识整合，成员间信任程度和共同语言有助于虚拟团队的知识整合。（2）虚拟团队社会资本的结构维、关系维和认知维三个维度均正向影响其创新绩效。因此，相对传统团队而言，虚拟团队更应积极发展以结构性、关系性和认知性为核心的社会资本，从而有效实现高水平创新绩效。（3）知识整合对虚拟团队创新绩效具有显著的正向影响。实证研究发现，除了知识贡献与知识共享外，知识整合过程还包括知识的转化，均有助于虚拟团队任务的解决及其创新绩效的提升。（4）知识整合在社会资本对创新绩效影响中具有中介作用。实证结果显示，社会资本对虚拟团队创新绩效具有显著的正向影响，但社会资本如果加上知识整合，对虚拟团队创新绩效的解释力更大，也即知识整合发挥了虚拟团队社会资本与创新绩效的中介作用。因此，虚拟团队都应着力发展社会资本，以降低和消除知识整合的成本与障碍，进而提升其创新绩效。

二、供应链关系资本对合作绩效的影响机制

本书基于社会资本理论和供应链管理理论，通过对环境动态性、供应链关系资本与合作绩效的关系进行实证检验后，得到了如下研究结论：（1）供应链关系资本是一个多维度而非单一维度的构念，包含联结强度、网络中心性、信任程度和信息共享四个维度。这四个维度分别代表了供应链关系资本的不同侧面，具有相对的独立性；同时又具备内在的聚合性，共同归属于供应链关系资本这一整体构念。（2）检验了供应链关系资本四个维度对合作绩效影响的主效应。结果显示，供应链关系资本的联结强度、网络中心性、信任和信息共享四个维度对合作绩效呈显著的正向影响，表示供应链关系资本越强，制造企业和供应商彼此都能够创造双赢、增加合作绩效。（3）除了考虑直接效应之外，还检验了环境动态性对供应链关系资本四个维度与合作绩效之间关系的调节作用。结果显示，未加入环境动态性变量时，供应链关系资本对合作绩效呈显著正向关系，但加入环境动态性变量后，其显著程度得到了强化。表明随着环境动态性的增强，供应链关系资本对合作绩效的正向影响作用越强。

三、互联网情境下中层管理者胜任力建模

本书以国内 10 家知名互联网公司的中层管理者为调研对象，结合使用行为事件法访谈和问卷调查等方法，借助 SPSS22.0 对 168 份样本数据进行信度与探索性因子分析，然后运用 AMOS20.0 对 120 份样本数据进行验证性因子分析，最终得到了适用于互联网情境下中层管理者胜任力模型。该模型包括电子化领导、社会资本发展、任务过程管理和个人特质四个维度和 20 个具体的胜任力特征。其中，电子化领导包括用户导向、网络营销、热爱互联网、大数据分析能力、关注前沿科技和商业模式变革 6 个胜任力特征；社会资本发展包括团队氛围营造、团队构建与维系、激励能力、信息共享、以身作则和快速决策 6 个胜任力特征；任务过程管理包括战略规划、资源配置、协调能力和创新能力 4 个胜任力特征；个人特质包括成就欲望、持续学习、敢于挑战和职业忠诚 4 个胜任力特征。本书所构建的中层管理者胜任力模型都较好地体现出了互联网的情境特征，也与经典的胜任力模型有吻合之处，从而能够更好地指导互联网企业及虚拟团队的人力资源管理实践。

四、虚拟团队效能的提升模式

本书整合团队管理理论与行为过程理论，对实证研究结论进行拓展，提出包括投入因素、社会资本过程、任务过程以及效能四个方面的虚拟团队效能提升机制模型，认为虚拟团队的投入因素通过社会资本过程和任务过程影响团队效能。具体研究结论如下：（1）投入因素主要包括虚拟化程度、团队文化、技术投入和成员技术能力，是提升虚拟团队效能的基础和前提，对虚拟团队效能产生间接的影响。（2）过程因素包括社会资本过程和任务过程，其中，社会资本过程包括关系建立、凝聚力建设和信任发展三个主要因素，且各因素之间兼具相互独立性与内在聚合性；任务过

程则包括电子沟通、知识整合及任务—技术—结构匹配的程度三个主要因素，任务过程的各因素之间既相互独立又融合共存。（3）社会资本过程与任务过程分别对虚拟团队效能产生直接的影响，社会资本过程与任务过程具有内在的互动关系，只有二者协同发挥作用，才能对虚拟团队效能产生最佳的影响效果。

五、虚拟团队效能管理的策略选择

本书在整合上述理论与实证研究结果，聚焦于虚拟团队效能提升模型中的社会资本过程和任务过程的基础上，提出虚拟团队效能管理的策略选择。主要研究结论包括：（1）热情的沟通、主动而积极的员工行为有助于建立起虚拟团队的初期信任，但这种初期信任是脆弱的迅捷信任。因此，成员间后续越来越多的社交信息，有助于发展信任、社会情感关系和凝聚力。虽然情感信任不可或缺，但虚拟团队的沟通始终应以任务导向为主。（2）跨文化冲击是决定全球虚拟团队成功运营与否的一股看不见的力量。当接触不同文化时，假如采取开放、接受、相信及弹性的正面态度，在接触不同的文化时所产生的不协调情况，可以用观察、倾听和询问等个人调适策略来降低挫折、迷惑、误解和不安的情况发生，并融入新的关系中。（3）促进虚拟团队沟通的重点在于如何提供或创造良好的技术工具来辅助并为团队带来有效的成果。决策支持系统可以通过电子化的交谈系统协助决策者使用资料和模式以解决非结构性问题，群体决策支持系统也可一定程度上支持信息的检索、共享、使用以及分析问题、意见发生和达成共识等，甚至创造力也能建构在计算机系统之上。虽然使用群体决策支持系统能使团队的过程满意度较高，但技术难以代替人类对数据的理解以及将数据转化成为人类智慧的过程。只有信息技术与任务特征、团队阶段、团队结构、组织文化或社会文化环境相适应，团队成员才能适应新的技术、新的团队形式和新的沟通方式，确保虚拟团队沟通的有效性。（4）有效的虚拟团队领导者的前提是他必须具有传统组织的领导者特质与行为，再加上更敏锐的用心和同理心，更具沟通效能，领导角色更为明确，还要建立和维持适当的社会气候。有效的虚拟团队领导还须遵循如下准则：即通过信息技术建立与维持信任、确保多元性意见在团队里得到理解与欣赏、管理虚拟工作周期与会议、通过技术运用来管理团队流程、增强团队成员的外部能见度以及确保参与虚拟团队的个体获益等。

第二节　研究的理论贡献

一、虚拟团队社会资本的新构思

本书对虚拟团队的社会资本进行了实证研究，推进了团队社会资本研究的理论发展，为研究虚拟团队社会资本、知识整合及其对创新绩效的内生作用提供了新的理论视角。首先，信息技术情境改变了虚拟团队社会资本的发展轨迹，本书归纳出电子沟通情境下虚拟团队社会资本的结构维（互动方式、互动质量和互动强度）、关系维（关系信任和关系互助）和认知维（相似价值观和团队认同）的特征表现。其次，本书建立了中国文化情境下虚拟团队社会资本概念内涵体系，并结合问卷数据的验证，归纳出中国文化情境下虚拟团队社会资本的结构维（互动质量、互动方式和互动频率）、关系维（任务信任和人际信任）和认知维（团队认知和共同语言）的特征表现。本书的研究成果为促进虚拟团队知识整合、提升其创新绩效的管理实践，提供了理论借鉴和实践参照。

二、虚拟团队创新绩效形成机制的新探索

相对传统团队而言，虚拟团队本质特点使得虚拟团队创新绩效的形

成过程更为复杂。本书分别基于电子沟通和中国文化情境，实证检验了虚拟团队社会资本、知识整合与虚拟团队创新绩效的关系。实证检验结果显示，社会资本的结构维和认知维均正向影响虚拟团队知识整合，在中国文化情境下的关系维也正向影响虚拟团队知识整合，但在电子沟通情境下关系维对虚拟团队知识整合不具有显著的影响。总体而言，社会资本对虚拟团队异质性的知识整合具有一定的促进作用，虚拟团队知识整合在社会资本对创新绩效影响中具有中介作用。从而揭示了虚拟团队创新绩效形成机制的混合效应，证实了知识整合在虚拟团队社会资本与创新绩效关系中的中介效应，为深入探索虚拟团队创新绩效形成过程提供了实证素材。

三、虚拟团队效能影响机制的新拓展

本书整合团队管理理论与行为过程理论，对实证研究结论进行拓展，提出了包括投入因素、社会资本过程、任务过程以及效能四个方面的虚拟团队效能提升机制模型。结果表明，投入因素主要包括虚拟化程度、团队文化、技术投入和成员技术能力，对虚拟团队效能产生间接的影响；过程因素包括社会资本过程和任务过程，其中，社会资本过程包括关系建立、凝聚力建设和信任发展三个主要因素，任务过程则包括电子沟通、知识整合及任务—技术—结构匹配的程度三个主要因素，社会资本过程和任务过程分别对虚拟团队效能产生直接的影响。而且，社会资本过程与任务过程具有内在的互动关系，只有二者协同发挥作用，才能对虚拟团队效能产生最佳的影响效果。研究成果为虚拟团队相关理论研究提供了一个简单而有效的概念框架，对有关社会资本过程与任务过程具有内在互动关系的后续研究也具有一定的借鉴价值与推进作用。

第三节 研究的实践启示

一、发展虚拟团队社会资本

本书的实证检验结果表明，社会资本对虚拟团队成员间知识的贡献、共享与应用有较大的促进作用，社会资本也是提升虚拟团队创新绩效的重要因素。因此，虚拟团队都应着力发展以结构性、关系性和认知性为核心的社会资本，以此降低和消除知识整合的成本与障碍，进而提升其创新绩效。（1）相对传统团队而言，虚拟团队成员间的知识整合更为简洁迅速，其团队成员可以便捷地从虚拟网络中获取异质性知识，因此管理者更应通过丰富的、多元化的信息技术媒介的运用，增进成员之间的交流互动频率和互动质量，促使虚拟团队成员间便捷顺利地进行信息交换和知识整合。（2）相比传统团队而言，信息技术平台上的虚拟团队成员间的沟通更为清晰明了，虚拟团队管理者更要重视建立具有共同认知的、和谐的团队关系网络与氛围，并兼以构建定期的面对面沟通机制以强化团队成员的归属感与信任，以此有效地提升创新绩效。（3）高效、多种媒介共享有助于虚拟团队成员间及时沟通与知识整合，成员之间的信任程度和共同语言有助于虚拟团队的知识整合。中国文化情境下虚拟团队的管理，应将中国儒家文化特征和社会资本相结合，兼以任务导向和人际导向，使之更好地促进知识整合和创新绩效的形成。

二、促进虚拟团队知识整合

本书的实证检验结果表明，知识整合包括知识共享、知识贡献和知识应用，它们均有助于虚拟团队任务的解决及其创新绩效的提升。而且，知识整合在社会资本对创新绩效的影响中具有中介作用，也即社会资本及其异质性促进虚拟团队创新绩效的关键在于知识整合的中介效应。因此，组织应该尤为重视并强化虚拟团队的知识整合过程。（1）知识整合是知识获取的前提，虚拟团队的社会线索比传统面对面团队少很多，因此管理者应借助网络交流工具更敏锐地觉察到团队气氛，兼以构建基于一定的体制规范和良好的私人关系的知识交流圈，从而形成更多的团队内部知识供给。（2）知识只有通过学习和交流才能转化成新知识，才能应用于团队任务的达成和创新绩效的提升，因此管理者应积极培育主动学习、善于学习的组织文化和团队承诺，并鼓励成员结合个人工作实践，将获取的知识加以创新性的应用。

三、推进虚拟团队社会资本过程与任务过程的协调互动

本书的理论与实证检验结果表明，虚拟团队的社会资本过程与任务过程（如社会资本与知识整合）具有内在的互动关系，只有二者协同发挥作用，才能对虚拟团队效能产生最佳的影响效果。（1）相比传统团队而言，虽然虚拟团队是任务导向，管理者在虚拟团队成立初期就更应明确团队任务目标，达成团队共识目标，培养团队的共同语言。虽然虚拟团队以任务导向为主，但团队领导的关怀导向仍然重要，为了虚拟团队任务的完成，管理者应当积极培养和谐的团队氛围和良好的信任关系。（2）虚拟团队具有沟通虚拟性、暂时性及短期任务导向等特点，管理者更要重视对虚拟团队的合作行为管理，通过积极构建成以团队目标为导向、以良好私人关系为基础的体制规范和知识交流圈，降低任务完成过程中不必要的冲突与摩擦，使现代信息技术与社会资本相得益彰，以最大限度地激发虚拟团队的创新潜力。（3）在中国特殊文化背景下，虚拟团队互动的任务过程和社会资本过程都很重要，管理者应积极构建一定次数的面对面沟通机制，帮助员工建立工作任务之外良好的人际关系、"人际圈子"和"关系网络"。尤其是文化差异较大时，团队领导更应付出更多的了解和关怀，

尽量降低跨文化的冲击与摩擦。

第四节　研究局限及未来研究方向

尽管本书得到了一些有意义的结论；有助于推进相关的理论研究，但限于研究条件与知识储备等条件，本书仍然存在诸多不足之处，这为本领域的未来研究提供了研究空间，也期望为未来更深入的研究提供需要有所突破的方向。

（1）研究内容方面。本书提出一些虚拟团队效能影响机制的理论研究命题，并重点对虚拟团队社会资本、知识整合与创新绩效的影响机制进行了探索，但仍未将虚拟团队与传统团队进行更彻底地对比分析。未来的相关研究中有待于进一步拓展和深化，从而得到更具本土化和应用价值的研究结论。本书仅仅探讨了虚拟团队社会资本对知识整合与创新绩效的影响关系，并未就虚拟团队中其他对象的关系加以深入的探讨。随着信息管理理论、团队管理理论和社会资本理论的发展，还有哪些因素可能会影响虚拟团队效能，仍待后续的研究进行厘清。未来的研究还需要纳入虚拟团队中其他对象加以研究，如任务过程中的"任务—技术—结构"变量等的样本数据，以检验与本研究相关的所有理论假设。

（2）研究方法方面。本书虽然样本涵盖了浙江沪地区，样本数量也达到了研究的基本要求，但是由于问卷填写人的认真度具有不可控性，在衡量虚拟团队效能及其影响因素方面也可能存在偏差，且用来实证分析的数据并不是真正意义上的大样本。在未来的相关研究中，应更注意问卷填写的质量与数量，以使相关理论研究模型得到更为可靠的检验。而且，本书采取的只是横断面的研究方式，因而投入因素和过程要素在虚拟团队各个不同发展阶段对效能的影响问题，也是未来相关研究的重要方向。此外，本书的实证研究部分仅采用了在问卷调查基础上的统计分析，并没有得到具体的案例研究法、实验研究法或是观察研究法的支撑，得出的研究结论是不充分的。未来相关研究可以尝试采用更具可控性的实验研究等方法，或利用不同时段的纵贯数据，来探索虚拟团队效能影响机制及形成过程。

（3）研究深度方面。本书分别对虚拟团队创新绩效的形成机制、供应链关系资本对合作绩效的影响机制、互联网情境下中层管理者胜任力模型进行了实证研究。尽管这些主题都属于虚拟团队效能影响因素的研究范畴，但总体上看，研究问题还不够聚焦和深入，仍有待后续的研究进行聚焦与完善。而且，虽然本书也试图通过拓展上述实证研究模型，提出了虚拟团队效能的提升模式框架与策略选择，但并未就虚拟团队效能的提升模式框架中各变量的动态关系及其相关策略效果加以实证检验，研究的深度还是不够，未来的研究可以利用行动研究方法，通过获取上述模式中的变量关系及策略效果的样本数据，来检验本书提出的所有相关理论模型。此外，信息技术的不断进步，使得虚拟团队呈现出跨越国界的发展趋势，但本书对跨文化管理相关议题的研究还过于粗浅，因而这方面的研究结果很难产生出理论价值或实践价值，未来的研究需要对此研究范畴进行细化并做进一步的实证检验。